JN172419

集団の知恵を引き出し、企業・地域の未来をつくる
社員や住民主体の発想法

T式ブレインライティングの教科書

はじめに

人間は〝考える葦〟である。人類が生まれて以来、様々な困難な場面に遭遇するたびに個人あるいは集団で最善の策を考え、生き抜いてきたに違いない。考える時、個人あるいはその集団なりの知恵の出し方があり、その出し方の優劣が生み出す策の優劣に直結し、その結果がその後の個人あるいは集団の存亡を左右したこともあったであろう。

近年は、コンピュータとネットワーク技術の急速な進展に伴い、デジタル革命とグローバル化の深化が共鳴し、優れたアイディアがあれば誰でもが起業できるアイディア資本主義の大きなうねりが起こっている。ビジネスを変えマネーを動かすこのアイディア資本主義はこれからさらに加速されると考えられる。

知恵の出し方については特段意識しないことも多い。自分なりに工夫をしながら、それを当たり前のこととして普段使っている。だから発想法と言われる主要な技法の原理の大半は、これまでに多くの人たちが普段やってきたことである。だが、個々人あるいは集団の中に内在していた知恵の出し方を外在化し技法として整理されると、知恵を効率的に生み出す発想法となった。

後述するように、産業の急激な発展に伴なう創造性開発の強い要請を背景に、オズボーンのブレインストーミングに端を発し、１９５０年代から発想法の開発が活発になった。日本には、活用されている発想法は細かく数えると３００種以上存在すると言われている。どのような技法であっても、それが本当に有用な道具として活用されている現場を見ると、そこには必ず基本の手順をベースにはしているものの、さまざまな工夫がなされている。利用する人も目的も、利用される環境も種々異なる状況において、それに適合するやり方を編み出さなければ有用な技法とはならないからである。一方、このような工夫は一般的に極めて個別的であることから、表に出て語られることはほとんどない。これまでの多くの発想法に関する著書にビビッドな実例が乏しいのは、現場の実践者が書いた本がほとんどないからである。

現場の実践者は、一般的な技法や手順だけでは見えてこない、いろいろなノウハウを蓄積している。川喜田二郎のＫＪ法が多くの人の琴線に触れたのは、それがこれまで多くの人が考えの整理に使っていた自分の技法と同様である、というだけでなく、川喜田二郎が文化人類学の研究手法に取り入れて活用し、多くの成果を生み出した確かな技法と認知されたからであろう。

どんな技法であれ、それは使い込んで自分たちの文化や文脈に適合する形にして初めて有用な技法となる。本書で取り上げる、ブレインライティングは、生まれてから50年近い歴史があり、日本でも多くの発想法の本の中で取り上げられている。著者がこの発想法に出会ったのは、35年ほど前、あるシンクタンクに呼ばれ、この技法を使ったアイディア会議に参加した時である。ブレインライティング、と言う名前はずっとあとで知ったが、著者が勤務していた研究所でアイディアを考える時に使えると思い、著者なりに工夫した記入シートを使い、その後大いに活用した。「文殊の知恵」を引き出して多くの特許を書いた。ある委員会ではこの発想法を用いて次世代情報化社会の夢を出し合った。出された多くの夢はまとめて本となった*(1)。各種会議の資料や企画書もこの発想法で作った。研究所から離れた後もさらにいろいろな場面で使い込みながら、記入シートのフォーマットを変更したり実施する上での注意事項などのノウハウを蓄積した。

*プロローグでは、日本における電気通信の歩みとともに、1990-1992年にT式ブレインライティングによって出し合った次世代情報通信社会の夢を例示した（文献[1]の挿絵）。夢を描いてから25年が経過し、その夢の幾つかは現実となり、また、その幾つかはこれからの実現が待たれる。

〝T型人間〟が集まって行うT式ブレインライティングを2年間にわたり実施し、本発想法が使える技法であることを確信した。

基本原理は、635法とも称されるブレインライティングであるが、実践の中でさまざまな工夫や変形を加えたので、6人で記入用紙に3つのアイディアを出し、5分で回す原形のスタイルとは全く異なっている。敢えて、「T式ブレインライティング」[*]とした理由である。

＊ブレインライティング会議によって創出されるアイディアはメンバーに大きく依存する。従って、2章で述べるように、メンバーの選定は極めて重要となる。ブレインライティングのメンバーとなる人は、「特定の分野を究め、その深い専門知識と経験・スキルの蓄積を自らの軸に据えつつ、さらにそれ以外の多様なジャンルについても幅広い知見を併せ持つ」、いわゆる〝T型人間〟が相応しい。〝T式〟の〝T〟はこのタイプのメンバーで行うことを意図して命名した。

本書は二部構成となっている。

第Ⅰ部には、「T式ブレインライティング」の実践ノウハウが詳述してあり、ここを読むだけですぐにこの発想法を現場で使うことができる。

発想法の重要性をそれなりに理解はしても、技法はオールマイティではないし、そもそも発想法が有用であるか否かという根源的な疑念が拭えない人もいるであろう。発想法を巡ってはこれまでにも多くの議論がある。

第Ⅱ部は、発想法にまつわる先人たちのさまざまな議論を俎上に載せ、発想法とは何か、発想法は有用な技法であるのかを吟味した。T式ブレインライティングを利用する人が、それぞれ立場で使いこなし、集団の知恵を生み出す有用な道具、仕事に役立つ道具にするためのヒントがここにある。

（1）NTT次世代ヒューマンインタフェース部会編、〝ここまでできる次世代テレコム〟、NTT出版、1992。

目次

第Ⅱ部　発想法とは何か　147

● その他

おわりに

1992年、T式ブレインライティングを使って描いた次世代テレコム

10年後、20年後の通信環境やビジネスがどのようになっているでしょうか、想像してみてください。

1854(嘉永七)	米国遣日使節のペリー提督が徳川幕府へエンボッシング・モールス電信機を献上し、横浜で実験を行う。
1869(明治2)	東京-横浜間に電信線架設,公衆電報サービス開始
1871(明治4)	郵便事業開始　長崎-上海間,長崎-ウラジオストック間に海底電線敷設
1876(明治9)	アレクサンダー・グラハム・ベルが電話機を発明

1992年に考えられた次世代テレコムのアイデア
(同年、日本に初のホームページが公開された)

▲コンパクトな携帯型テレビ電話
1970年の大阪万博で初めて登場した大きなテレビ電話。"コンパクトで安価"なら一般に普及するはずと予測しました。

1890（明治23）	東京と横浜市内を結ぶ電話サービス開始。加入者は東京237契約、横浜45契約。ガワーベル電話機（英国製）が、わが国最初の実用機として電話創業時に採用された。
1936（昭和11）	NE式携帯用写真電送装置（FAX）を逓信省が製造
1963（昭和38）	日本電信電話公社によって電話が制式化され、提供が開始された。昭和を代表する黒電話が登場

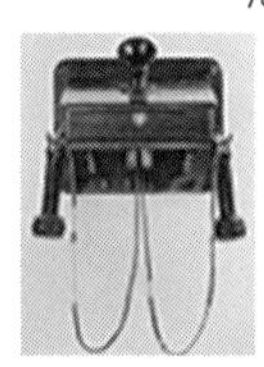

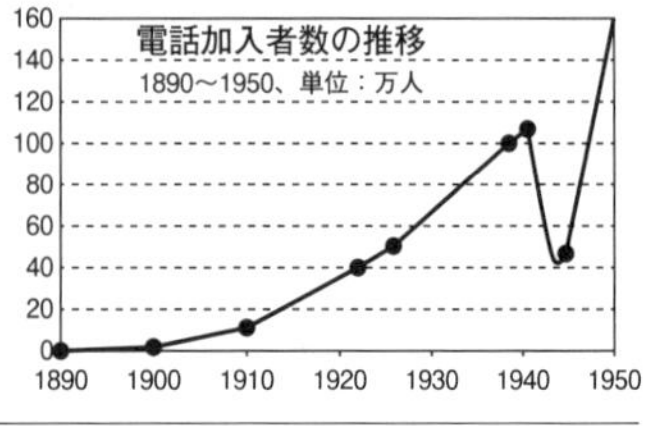

▲ **As You May Think**

“思うがままに”自動運転できる自動車。これこそ未来の乗り物と信じていました。

◀**なつかしの名場面検索**

総ての情報を（クラウドに）蓄積しておけば、昔の懐かしい場面も呼び出すことができる、25年前の夢です。

1967（昭和42）	米国で現在のインターネットの始まりである世界初のパケット通信ネットワークARPANET(Advanced Research Projects Agency Network)の研究プロジェクトが発足。
1968（昭和43）	ポケベル（無線呼び出しWireless call）サービスの開始。
1970（昭和45）	コードレス電話（親子電話）大阪万博に出品
1979（昭和54）	自動車電話サービス開始
1981（昭和56）	日本の主要大学と学術情報センターのスーパーコンピューターを結ぶN-1ネットワークの正式運用開始
1985（昭和60）	NTTが初のポータブル電話機「ショルダーホン」発売。
1987（昭和62）	NTT、携帯電話サービス開始。日本初の携帯電話「TZ-802型」を発売。

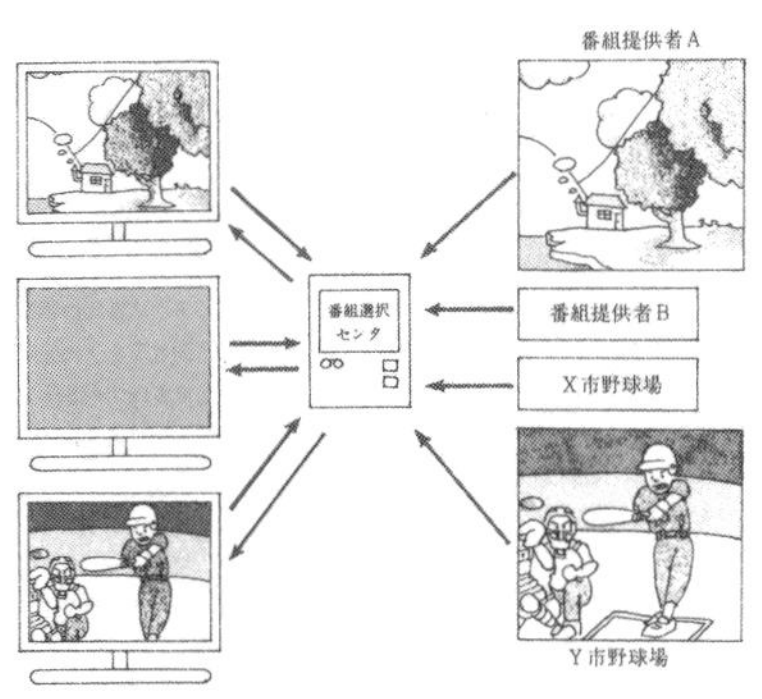

▲好みの番組を送る網送テレビ
番組を総て蓄積し、好きな時間に、好きな番組を観るネットワークを介したテレビです。

▼テレビが先生
色々なお稽古事を、遠くにいる著名な先生に習うことができます。ピアノ、英会話、お料理・・・。

1989（平成元）	ハイパーテキストの概念をネットワーク上で実装したWorld Wide Web（WWW）が登場。1990年代前半頃からインターネットの世界的な普及がはじまる。
1990（平成2）	NTT電気技術委員会「次世代ヒューマンインターフェース部会」発足。次世代通信の予測やあり方について議論を始めるとともに、T式ブレインライティングにより次世代テレコムの夢を収集。
1991（平成3）	NTTドコモ設立。デジタル技術を採用した第2世代携帯電話mova N販売開始
1992（平成4）	「ここまでできる次世代テレコム」（NTT次世代ヒューマンインターフェース部会）発行
1992（平成4）	日本初のウェブページが公開（HTMLで記述、サーバー上wwwのページ）された。
1995（平成7）	PHSサービスが開始
1995（平成7）	米国でYahoo!が設立、Amazon.comがサービスを開始

▼テレビで検診

高齢化社会では医療が大きな問題。テレビ検診ならお年寄りも在宅でケアすることができます。

▲バーチャルオフィス

遠いところにある会社まで行かなくとも、もっと効率的な働き方はある。今やそれが常識に。

1990年代後半

日本、携帯電話の普及が本格化。

1996(平成8)

ポケベル加入者数ピーク。

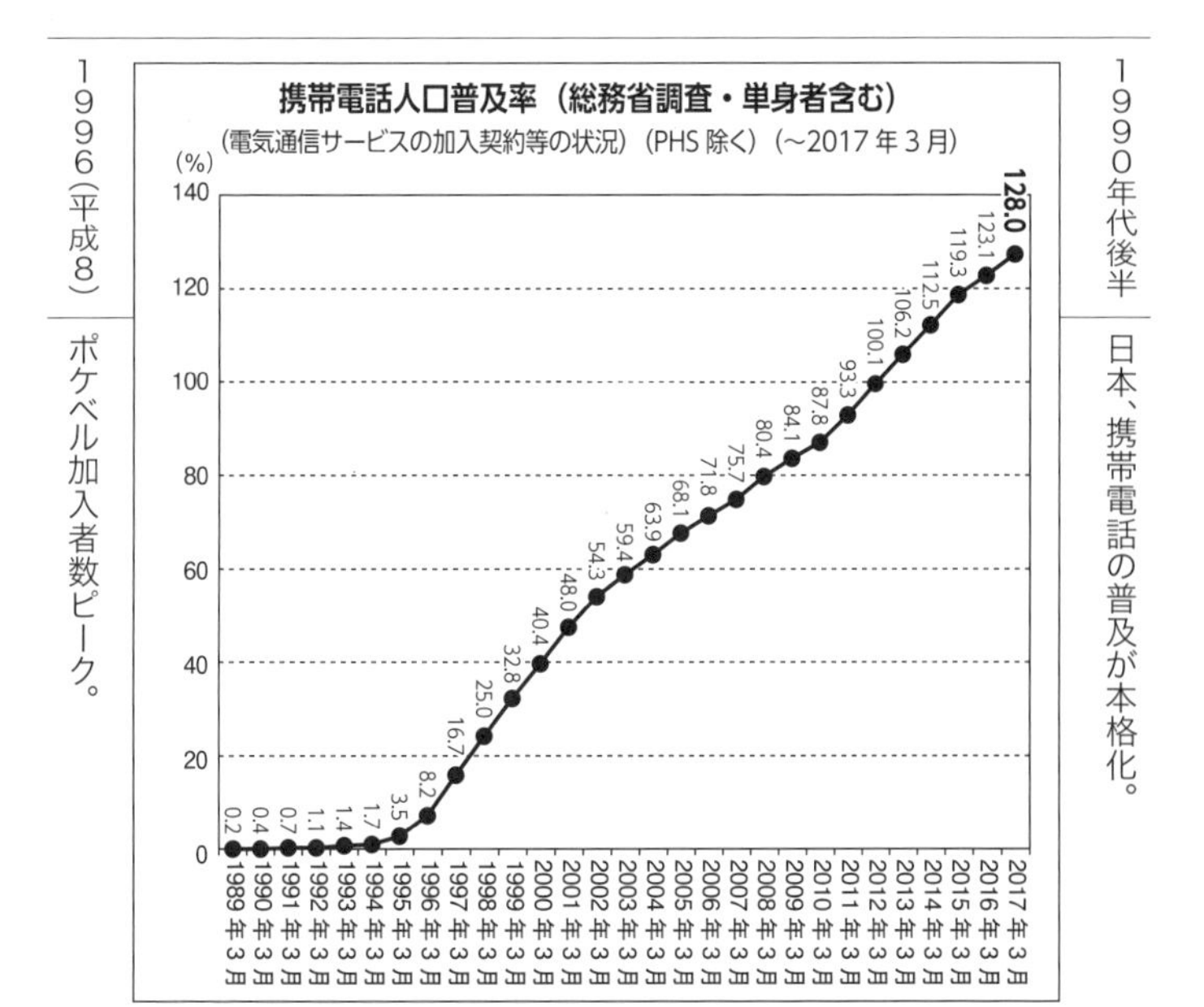

▲コンピュータウィルス対策

情報化社会の影の一つが“ コンピュータウィルス ”。
迅速、適切な対応が必要になると予測しました。

1996（平成8）	ノキア、Nokia 9000 Communicator（最初のスマートフォンといわれる）を発売
1997（平成9）	PHS端末「ドラえホン」発売
1997（平成9）	楽天市場がオープン
1998（平成10）	米国グーグル設立
1999（平成11）	NTTドコモ、iモードサービス開始。
2000（平成12）	日本でも初めてのインターネット専業銀行であるジャパンネット銀行が誕生

▲テレビモニタリング

外出した時に心配なのは家のこと。
泥棒、電気の切り忘れ、ペット、・・・。外からの監視で安心。

2001(平成13)

ブロードバンド元年といわれる。

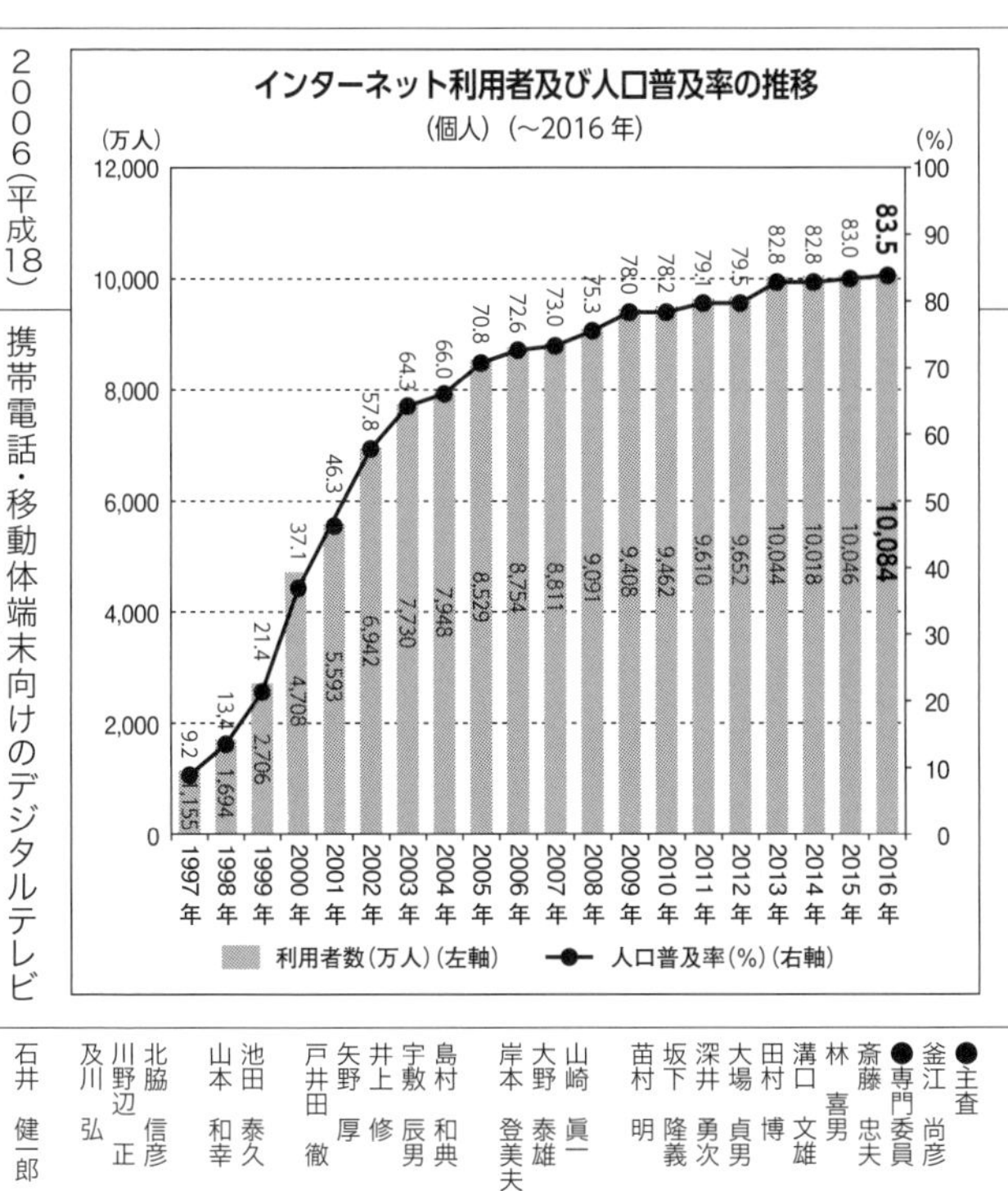

2006(平成18)

携帯電話・移動体端末向けのデジタルテレビサービスなど(ワンセグ)開始。

電気通信技術委員会次世代フューマンフェース部会メンバー
(1990年~1992年当時)

●主査
釜江 尚彦　日本電信電話㈱ヒューマンインターフェース研究所所長

●専門委員
斎藤 忠夫　東京大学工学部教授
林 喜男　武蔵工業大学教授
溝口 文雄　東京理科大学理工学部教授
田村 博　京都工芸繊維大学工学部教授
大場 貞男　沖電気工業㈱公共システム事業本部 副事業本部長
深井 勇次　㈱日立製作所情報通信事業部 システム推進部長
坂下 隆義　岩崎通信機㈱常務取締役NTT営業部長
苗村 明　松下通信工業㈱通信システム事業部 技術部開発担当部長
山崎 眞一　日通工㈱取締役中央研究所 所長
大野 泰雄　㈱大興電機製作所常務取締役 技術開発本部長
岸本 登美夫　日本電信電話㈱ヒューマンインターフェース研究所 画像情報研究部長(H4・3まで)
島村 和典　日本電信電話㈱技術調査部 担当部長
宇敷 辰男　日本電信電話㈱サービス開発本部 担当部長
井上 修　日本電信電話㈱大宮支店長(H4・3まで)
矢野 厚　日本電信電話㈱ISDN推進部 担当部長(H4・4から)
戸井田 徹　日本電信電話㈱ヒューマンインターフェース研究所 主幹研究員(H4・1まで)
池田 泰久　日本電信電話㈱通信機器事業推進部 主席技師
山本 和幸　日本電信電話㈱ヒューマンインターフェース研究所 主幹研究員
北脇 信彦　日本電信電話㈱通信網総合研究所 主席研究員
川野辺 正　日本電信電話㈱通信網総合研究所 主席研究員
及川 弘　日本電信電話㈱ヒューマンインターフェース 研究所主幹研究員
石井 健一郎　日本電信電話㈱ヒューマンインターフェース 研究所主幹研究員

2006（平成18）	Facebook米国で一般にも開放。日本語版は2008年に公開。
2006（平成18）	Twitter米国でサービス開始。2008年、日本でのサービス開始。
2008（平成20）	タッチスクリーンで多数のアプリケーションが使えるiPhone 3G発売
2009（平成21）	ビットコインが運用開始
2011（平成23）	Lineサービス開始
2015（平成27）	国内遠隔医療市場規模、122億6、900万円となる
2016（平成28）	Microsoftの開発する音声認識ソフトの聞き取りエラー率が人間並みになったと発表。
2017（平成29）	Facebookが開発したチャットボット同士に会話させていたところAIが英語を基にした独自の言語を生み出したと発表。

（写真出典：郵政博物館）

鈴木　元	日本電信電話㈱ヒューマンインターフェース 研究所主幹研究員
古井　貞熙	日本電信電話㈱ヒューマンインターフェース研究所 古井特別研究室長
筧　一彦	日本電信電話㈱基礎研究所 主席研究員
菊池　英夫	日本電信電話㈱ネットワークシステム開発センター 主幹技師
岡崎　哲夫	日本電信電話㈱情報通信網研究所 主幹研究員（H4・1まで）
宮岸　修	日本電信電話㈱通信ソフトウェア本部 主幹技師（H4・2から）
志賀　正	日本電信電話㈱ソフトウェア開発本部 第5ソフトウェア開発部長（H3・1まで）
草野　正人	日本電信電話㈱情報システム本部 担当部長（H3・2から）
滝川　啓	日本電信電話㈱画像通信事業部 主幹技師
●幹事	
徳永　幸生	日本電信電話㈱ヒューマンインターフェース研究所 主幹研究員
中島　正人	日本電信電話㈱港支店企画部長（H3・6まで）
松井　国利	日本電信電話㈱鈴鹿研修センタ担当部長（H3・7からH4・1まで）
村上　満雄	日本電信電話㈱通信機器事業推進部第二商品開発部長（H4・2から）
●書記	
米村　俊一	日本電信電話㈱長距離通信事業部ネットワーク総合技術センター担当課長（H4・1まで）
浜田　洋	日本電信電話㈱ヒューマンインターフェース研究所 主幹研究員（H4・2から）
星　聡	日本電信電話㈱サービス開発本部 担当課長（H4・6まで）
畔柳　厚希	日本電信電話㈱通信機器事業推進部担当 課長（H4・7から）

第Ⅰ部　集団の知恵を引き出す「T式ブレインライティング」

「T式ブレインライティング」の考え方、手順、実行する上での留意点などを詳述する。第Ⅰ部を読めば、この発想法をすぐ現場に導入することができる。

第1章　T式ブレインライティング

1　T式ブレインライティング総論

T式ブレインライティングは、ロールバッハが開発した635法（3章の3で詳述）を変形した発想法の一つである。この発想法が想定している活用の場は、いわゆるQC活動のように、職場の問題点を皆で洗い出し、取り組むべき適切な課題を選択して、職場のメンバーが中心となって行うという類いの集団活動とは異にする。すなわち、ここでのブレインライティングは解決すべき課題を抱えた主催者がおり、その課題を解決するためのアイディアを求める発想会議を想定している。したがって、主催者にはそれなりに周到な準備が求められる。

その準備には大きく2つある。

第一は、メンバーの選定である。無から有は生じないのだから、メンバーには深い知識や経験をもつ発想豊かな人を集めることが必要となる。また、さまざまな分野から集めたい。視点の違いを活用してアイディアを集めるのが、（発散技法（6章の1参照）に共通する）T式ブレインライティングの特徴だからである。得意分野／担当業務、教育・職業歴、年齢、出身地や性別などの多様性は重要である。そして、余人をもって代えがたいアイディア豊かな人が望ましい。

第二は、アイディア出しを始める前に行う主催者のブリーフィングである。このブリーフィングはT式ブレインライティング会議の全ての始まりである。主催者の意図をどこまで正確にアイディア提供者に伝えられるか、発想を触発する情報を的確に、そして簡潔に提供できるかがこのT式ブレインライティングの成否を大きく左右する。

課題をシャープに提示・説明することや、課題に対するアイディアに求める要求条件を明示することは不可欠である。併せて、6章の2で詳述するように、多様な視点を整理し提示することも有用である。それによって、主催者が抱えている問題解決に直結するアイディアが生まれ、また、アイディアがより深く、さらには、多様な方向に展開することが期待できるからである。

ブレインストーミング（3章の1参照）では、アイディアを出すために場をいかに盛り上げるかが極めて重要となる。だからこの会議を回すファシリテータの役割は大きい。しかし、T式ブレインライティングでは、会議が始まれば参加メンバーはただただアイディアを絞り出し所定のシートに記入するだけである。沈黙の会議と言われる所以である。1章の3で後述するように、会議中は見回りながら記入漏れやタイトルの付け方などの注意、そして皆が記入し終えたらそのシートを次に回す合図を出す程度のことしか、ファシリテータ（主催者）がやることはない。

一般に、T式ブレインライティングでは、与えられた課題について、主催者が満足するアイディアの提案がなされた時、一応、このT式ブレインライティングによるアイディア出しは成功したと言えるであろう。予想を超える斬新な切り口や展開、新たな可能性を予感させる手法、絵空事ではない実現性のある提案、などである。

さらには、そのアイディアを具体化し実行に移す段階で生じるさまざまな検討項目についても助言できるレベルのメンバーであることが理想である。アイディアの発案者には、小さなスペースには書ききれない思いがあり、実現に向けたステップを頭に描いていたアイディアであれば、的確な助言が期待できる。

提案されたアイディア（自分の想い）が採用され、具体的に実行されることはアイディア提供者の喜びであろう。そのことが、次へのアイディア出しの意欲を掻き立てることになる。

2　事前の準備

記入シート

Ｔ式ブレインライティングの特徴は、このＢ４サイズの記入シートにある（図１－１）。

ブレインライティングの原形である６３５法の記入シートは、図１－２に示すように６×３のマス目で構成されており記入欄は小さい。ネーミングやキャッチフレーズなどの短い言葉だけのアイディアを集めるために活用したのではないかと想像される。

Ｔ式ブレインライティングでは、２章の事例にあるように、アイディアのタイトルに加え、その内容や背景などの提案理由を書くことも求めている。そのため、記入欄は大きく、また、記入者名を書くことも必須である。記入者名はブレインライティング会議が終了後、そのアイディアについてさらに詳細な情報が必要な場合に不可欠となる。タイトルはアイディアを整理する時のタグとなる。

大きなテーマのアイディアを記入するには、それでもまだ記入欄として小さい場合がある。

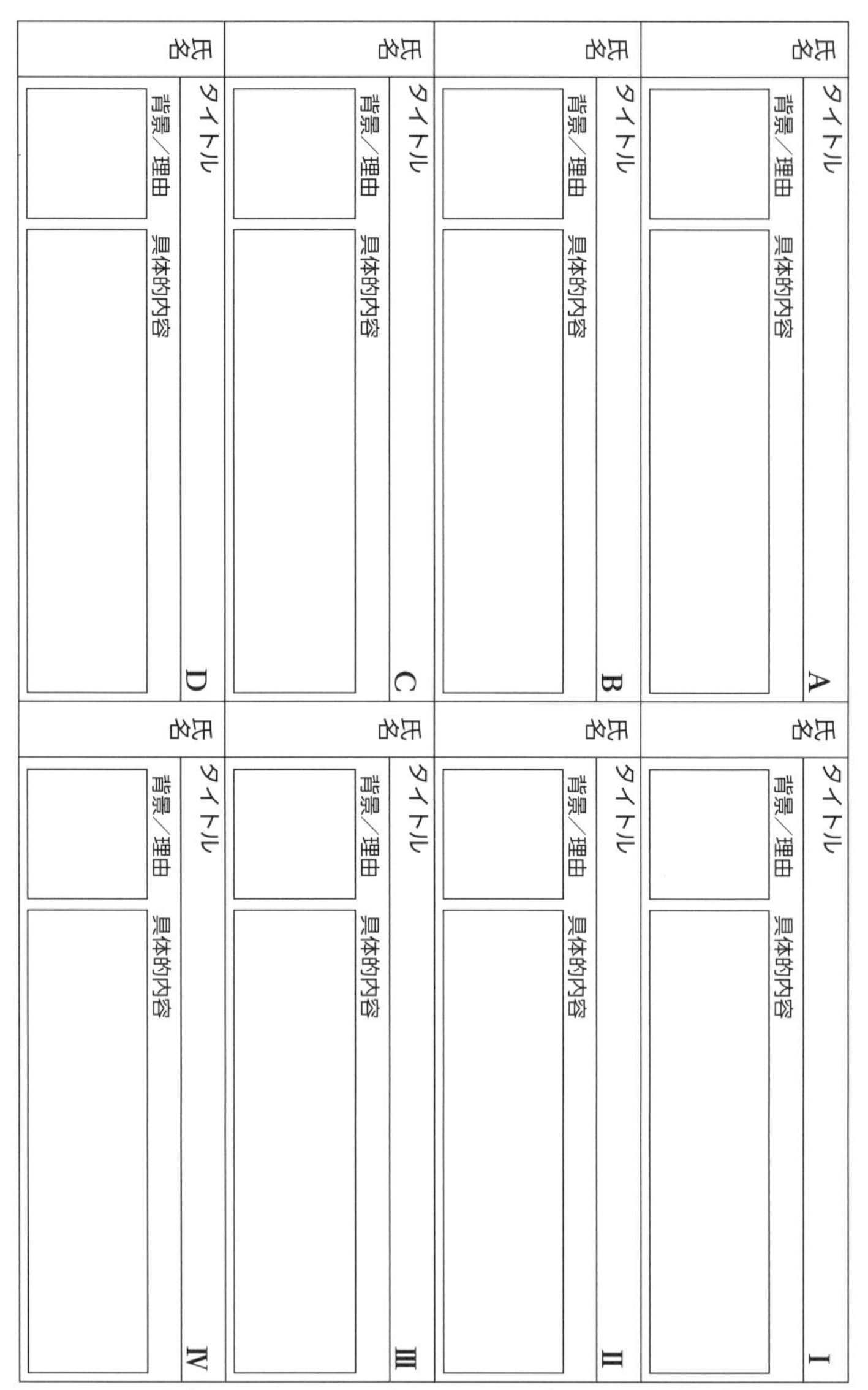

図１－１　T式ブレインライティングの記入シート（B4 サイズで使用）

しかし、T式ブレインライティングでは、会議室に全員が顔をそろえて行うon siteブレインライティング（3章の5参照）を想定しており、各ラウンド毎に記入シートをスムーズに回覧できること、また、アイディア全体を俯瞰できる設計であることが望ましい。これらの条件を考慮しB4サイズの記入シートを採用した。その結果、アイディアの具体的な内容を記入する欄の大きさは15cm×5cm程度となる。

また、各ラウンドで発想するアイディアは2つとした。

求めるアイディアについてその背景理由や内容を記入するので、時間もそれなりに要する。一方、on siteブレインライティングでは、各ラウンドの時間を余り長く取ることはできない。

	A	B	C
Ⅰ			
Ⅱ			
Ⅲ			
Ⅳ			
Ⅴ			
Ⅵ			

図1－2　ブレインライティング（635法）の記入シート

アイディアがたくさんある人には、その中から最も有力な2つを選択して書いてもらうことになり、質の高いアイディアが期待できる。加えて、難しいテーマであっても、2つ位なら書けそうだと思わせることは、参加メンバーの気持ちを前に向かせる効果がある。

記入に際してはもう1つ特徴がある。アイディアの具体的な内容を記入する欄の左側（通常、1／5〜1／4のスペース）にこのアイディアを提案する背景や理由を簡潔に記入することを求めている。これは、短文で書かれたアイディアを具体的に理解する上で、極めて有用な背景情報となるからである。

635法の記入シートは6×3であるが、T式ブレインライティングの記入シートは4×2である。すなわち、635法では6ラウンド行うが、T式ブレインライティングでは4ラウンドで終了する。記入事項が多いため、1ラウンド10分程度の時間を要する。したがって、4人以上のメンバーが揃えばよい。筆者の場合、通常、6〜10人でこの会議を行ってきた。

図1-1の記入シートのタイトル欄の右端に、左の列は上からA-Dが、右の列は上からI-Ⅳが書かれている。これは、会議終了後、主催者が記入シートの結果を整理する時に用いるもので、アイディアの流れをフォローする際の目印となる。

メンバーの選定

一人ひとりが持つ知恵と知恵の掛け算で課題を解決するアイディアを引き出すのが、集団で行う発想会議である。個々人の知恵の深さと、多様な視点から生まれる知恵の広がりが掛け算の大きな値をもたらす。だから、T式ブレインライティングでのメンバー選定にあたっては、深い知恵を持つ人をさまざまな分野から集めることが会議を成功させる重要なカギとなる。

深い知恵を持つ人は、常に文献などを読んで自分の専門性を高めるとともに、色々な分野の人と議論して広く情報を集め、日頃から新しいことを生み出す努力を惜しまない人であろう。無から有は決して生まれない。自分の専門と言える分野を持っていると同時に、広い分野にも関心を持っているという「何かについて全てが言えて、全てについて何かを言える」T型人間こそ、このT式ブレインライティングに相応しいメンバーである。

繰り返しになるが、ダイバーシティ（多様性）を確保することは発散技法（6章の1参照）の要である。得意分野／担当業務、教育・職業歴、年齢、出身地や性別などプロファイルの異なるT型人間を集めたい。（図1−3）

T式ブレインライティングに参加する複数のメンバーが、この会議で出されたアイディアを実行する当事者である場合もあろう。その場合には、アイディアの具体化・詳細化にすぐ着手することができる。アイディアの実現に向けて自分は何を実行すべきかを理解し、誰にどんな取り組みが期待できるかが共有されていると考えられるからである。お互いの決意と期待を共有すると、出されたアイディアに対する納得と達成への動機が高まるであろう。そしてこの会議を出発点としてアイディアを詳細化し、自発的に工夫しながら課題解決に向けた取り組みを継続して行う状態を生み出すことができれば、これこそ、真にこの発想会議が有意義であったと言えよう。

図１－３　メンバーの人選（色々な分野のＴ型人間）

知恵のある人、多様なメンバーを集めることは重要だが、組織の中でＴ式ブレインライティングを行う時、実際にはこのような理想のメンバーだけでは構成できない場合もある。

３章の１で述べるような、ブレインストーミングにおける発言力の格差は生まれないことが、Ｔ式ブレインライティングの大きな特徴である。職場の上下関係などとは無縁で、〝紙（シート）の前に皆平等〟だからである。

一方、署名入りのアイディアは会議の参加者の目に晒される。アイディアの優劣もそれなりに分かる。若い人のアイディアが、上長のアイディアよりはるかに優れていることは茶飯事である。だから組織の中でこのＴ式ブレインライティングを行う時には配慮も必要となる。

アイディアが豊かな上長や、アイディア会議の趣旨を理解しており、他の人より良いアイディアが出なかった時でも特に気に掛けないような、よくできた上長ならばよいが、アイディアがなかなか生まれず、部下などのアイディアよりも劣っている場合、不機嫌になってしまうような、困った上長をメンバーに加えざるを得ない状況の時である。

このような状況が想定される場合に著者が実際に行ってきた対策は２つある。

一つは、事前にこの会議の内容、進め方などを十分に説明し、相手のプライドを傷付けないようにしながら、参加を見合わせてもらうようにすることである。会議終了後、その結果を報告することは当然である。

もう一つは、会議で求めるアイディアについて説明し、時にはアイディアの具体例を示しながら、前もって最初に書く2つのアイディアを時間をかけて考えてもらうようにすることである。

T式ブレインライティングを職場で広め、活用するためには、組織人としての対応もまた必要なこと、と認識している。

なお、アイディア会議が得意な人と苦手な人がいる。これは頭の良し悪し（もし、そのようなものがあるとすれば）とは無関係と思う。アイディアマンと言われる人は、アイディアが生まれた時、すぐに自己評価をしない「判断延期」のルールに忠実な人である。苦手な人はその先をじっくり考える人に多い。

ブリーフィングの準備

前述したように、ブリーフィングはT式ブレインライティング会議の全ての始まりであり、冒頭、主催者はこのアイディア会議の趣旨を10分程度簡潔に述べる。会議のメンバーには、主催者の意図、期待されることを的確に把握してもらわなければならないからである。

当然のことではあるが、課題、目的の設定が不適切である場合には無為な会議となる。課題設定ではその課題の本質をシャープに捉えることが必要である。

求めること、知りたいことをストレートに聞けばよいわけではない。課題を十分に吟味しないまま漠とした状況で「あったらいいな」的な説明をすれば、得られるアイディアは求める方向とは異なるもの、意にそぐわないものとなることは必至である。

この会議は、未だ陽には見えていない新しいことや有用なこと、それらのヒントになることを生み出すためにある。ここだけで確たる何かが出てくるわけではない。出てくるアイディアは思い付きであることを主催者は認識しておく必要がある。それから先は、このアイディアを種にして腰を据えた検討が必要となる。

課題、目的を明確に提示するためには、課題の解決に向けたアイディアに求める要求条件を明示することが必要である。そのことによって、主催者の抱えている問題解決に直結する実のあるアイディアが提案される確率が高くなるからである。しかし一方で、何かを作る課題の時、予算や期間に制約のある場合がある。それらを前面に出すと、提案が委縮したものとなる可能性が生まれる。その時は一度制約をはずして発想を広げ、そこから全体を俯瞰しながら本来採るべき道のヒントを摑むことが必要となる場合もある。アイディアを求める時、その前提条件として、何を明示し、何を条件から外すかは課題によって異なる。主催者のその先を見据えた判断が必要となる。

要求条件の明示に加え、課題に関して現状何ができているのか／できていないのか、何が実現可能か／不可能か、市場の動向や技術動向など、主催者は十分に調査しておくことが必要である。ブリーフィングの後の簡単な質疑の時に的確に答えなければならないからである。絵空事ではない実のあるアイディアは、主催者の十分な準備があって初めて生まれる。また、提案された多量のアイディアの中から何を選択するか、そのことこそ重要なのだが、それはこの事前の十分な準備なくしては不可能である。

最後に、著者がT式ブレインライティング会議を主催する時、ブリーフィングの中で必ず行うことがある。それは視点を整理して提供することである。

主催者であるから、当然課題について誰よりも熟知している。だから課題についての視点について考えられる限り整理し提示する。時にはそれを会議の間中提示しておくこともある。事前に示す視点が、アイディアの豊富な会議メンバーの発想を妨げることを当初懸念していたが、そのようなことはこれまでまずなかったと思う。むしろ、この視点の提供が呼び水となってさらに新しい視点が提案され、有用なアイディアが生まれたことが多数あった。

視点の整理で多用したのが、６章の２で詳述する３つの発想法である。すなわち、

1．５W１H

いつ（When）、どこで（Where）、誰が（Who）、何を（What）、なぜ（Why）、どのように（How）したか、という５W１H。

この６つの視点は、ほとんど総ての課題で使うことができた。

2．特性列挙法の３種類の分類。

1．名詞的特性：全体、部分、材料、製法など
2．形容詞的特性：性質、状態（形、色、デザインなど）
3．動詞的特性：機能（そのものの働き）

テーマが〝モノ〟である時などでは、対象物の特性を洗い出して整理し視点を提示するこ

とは極めて有用であった。これはテーマを具体的に示すことであり発想の量、質の向上に有効に働いた。

3．類比発想法における3つの視点。

「テーマの持つ本質的な機能や本質的な特性で似ているもの、コンセプトが似ているもの」を指す、類比を用いる発想法には3つの視点がある。

1．直接的類比：直接似たものをヒントに発想する。
2．擬人的類比：テーマそのものになりきって発想する。
3．象徴的類比：テーマをシンボリックに表現し発想する。

テーマに関し類比の3つの視点で例を示すことにより本質に遡ってアイディアを発想してもらうための一助として使った。

その他

(1)ロの字形式、またはコの字形式に座席を配置した会議室を準備する

全員の姿が互いに見える形式の座席配置である。

ブレインライティングの原形を紹介した3章の4の中で、ブレインライティングの欠点として、「時間の制約によるストレスの発生とアイディアの抑制」、が挙げられている。時間の制約は確かにストレス発生の原因となるであろう。さらに、全員の姿が互いに見える形式の会議では、アイディアを書いている人、書き終えた人の姿が見える。アイディアが未だ湧き出ない人にとってこれはさらに焦りを生み、ストレスを増加させる。同時に、この焦りは「火事場の馬鹿力」を生む原動力ともなり、苦し紛れに書いたアイディアが素晴らしいものであることもある。

T式ブレインライティングでは、on siteで、互いの姿が見える形式にこだわるのは、本来欠点とされているストレスをさらに増強し「火事場の馬鹿力」を生み出す環境を作りに、それを積極的に活用したいからである。

⑵プロジェクタと白板

会議の冒頭に主催者が10分程度のブリーフィングを行う。このブリーフィングでは、準備した資料をプロジェクタなどを使って説明する。必要であれば、本番中も資料を一部投射した状態にしておくこともある。また、各ラウンドの予定時間や記入シートの回し方などを白板に貼っておくこともある。

⑶その他

会議に専念するため携帯電話などの電源をオフにしてもらうこと。

筆記用具や消しゴムなどの予備を準備しておくこと。

3　T式ブレインライティング会議の手順

主催者が行う説明

1. 主催者から会議の趣旨についてブリーフィングを行う。（図1－4）

2. 簡単な質疑応答を行う。

「テーマ」について理解を深めるために、

図1－4　明解で簡潔なブリーフィング（会議参加メンバーの発想を触発）

アイディアの具体的な例を挙げ、全員で〝少し〟議論をする場合もある。その場で浮かんだアイディアを出してもらい議論をすれば、アイディアのレベルやベクトルを合わせるのに有効である。ただし、余り深く議論をすると本番のシートに書けなくなるので、主催者は適度に切り上げることが大切である。

3. **記入シートを配布する。**

4. **記入シートの書き方を説明する。**（図1－5）

・1ラウンド目の記入シートの書き方。

－一行目の欄2つの左側のマスに名前を記入する。

－次にテーマに関するアイディアを2つ記入する。

・上のマスにアイディアのタイトルを記入する

・その下の大きなマスにアイディアの具体的な内容を記入する。

（注1）大きなマスの左側1／5～1／4程度のスペースにそのアイディアの背景や提案する理由を簡潔に記す。

（注2）残りの部分にアイディアの内容を記す。簡単な絵を添えてもよい。

（注3）タイトルはテーマに合うように書くこと。例えば、技術に関するアイディアであれば、タイトルは「○○技術」、サービスに関するアイディアであれば「△△サービス」な

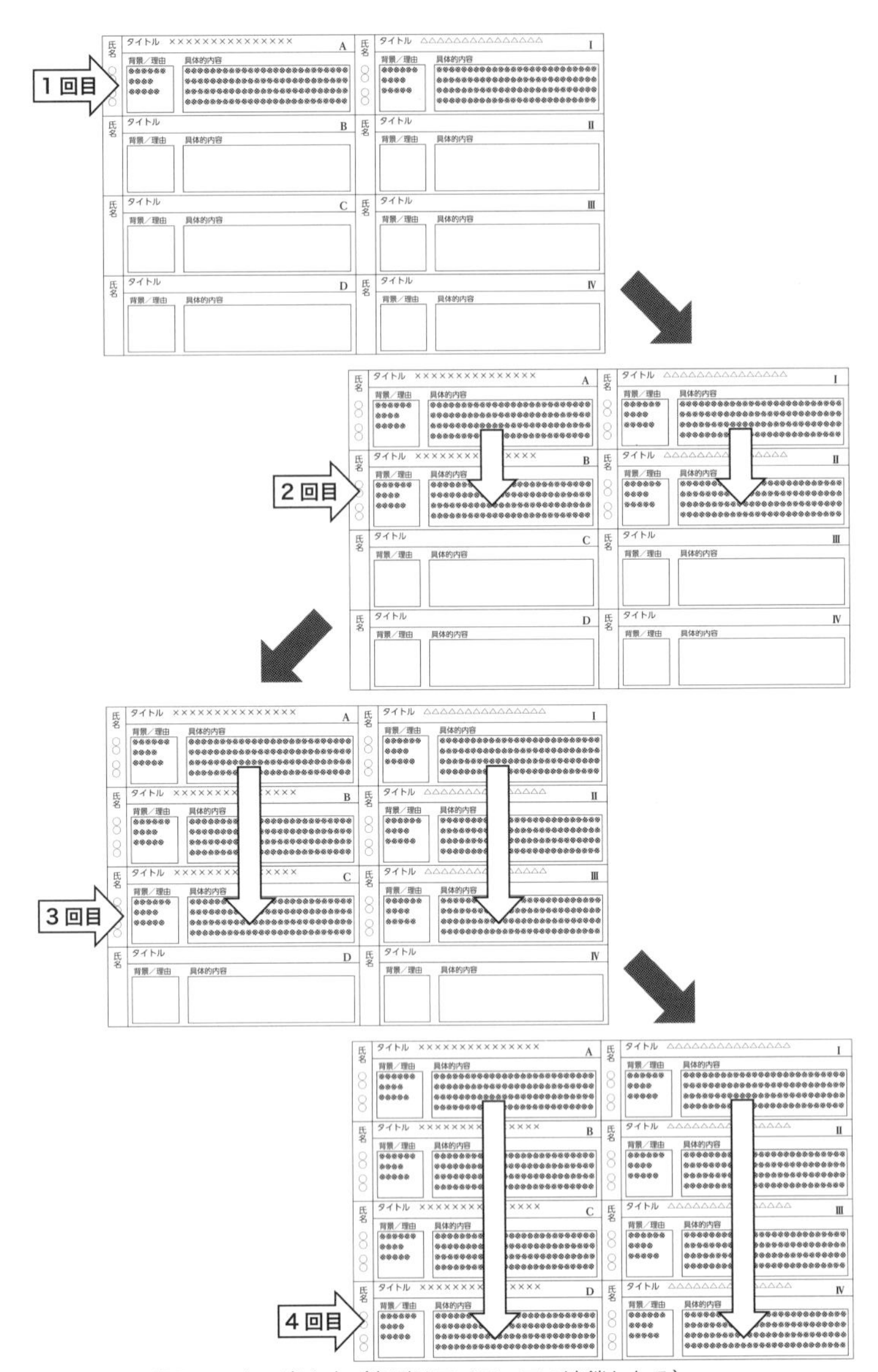

図１－５　記入シートの書き方（各列はアイディアの連鎖となる）

ど、このようにテーマ名の言葉を最後につけるように指示することは、アイディアのベクトルを合わせるのに有効である。

(注)名前、タイトル、アイディアの内容はいずれもマスからはみ出さないように書くこと。

・２ラウンド目の記入シートの書き方。

―二行目の欄２つの左側のマスに名前を記入する。

―次に、上の欄に書かれたアイディアをよく読み、必ずそのアイディアを起点とし、継承・発展・補足などさせながらその下に次のアイディアを創出し記入する。

タイトル、アイディアの具体的内容の書き方については、一行目と同様である。

(注)上に記入したタイトルと同じになる場合でも、「同上」とは書かず必ず

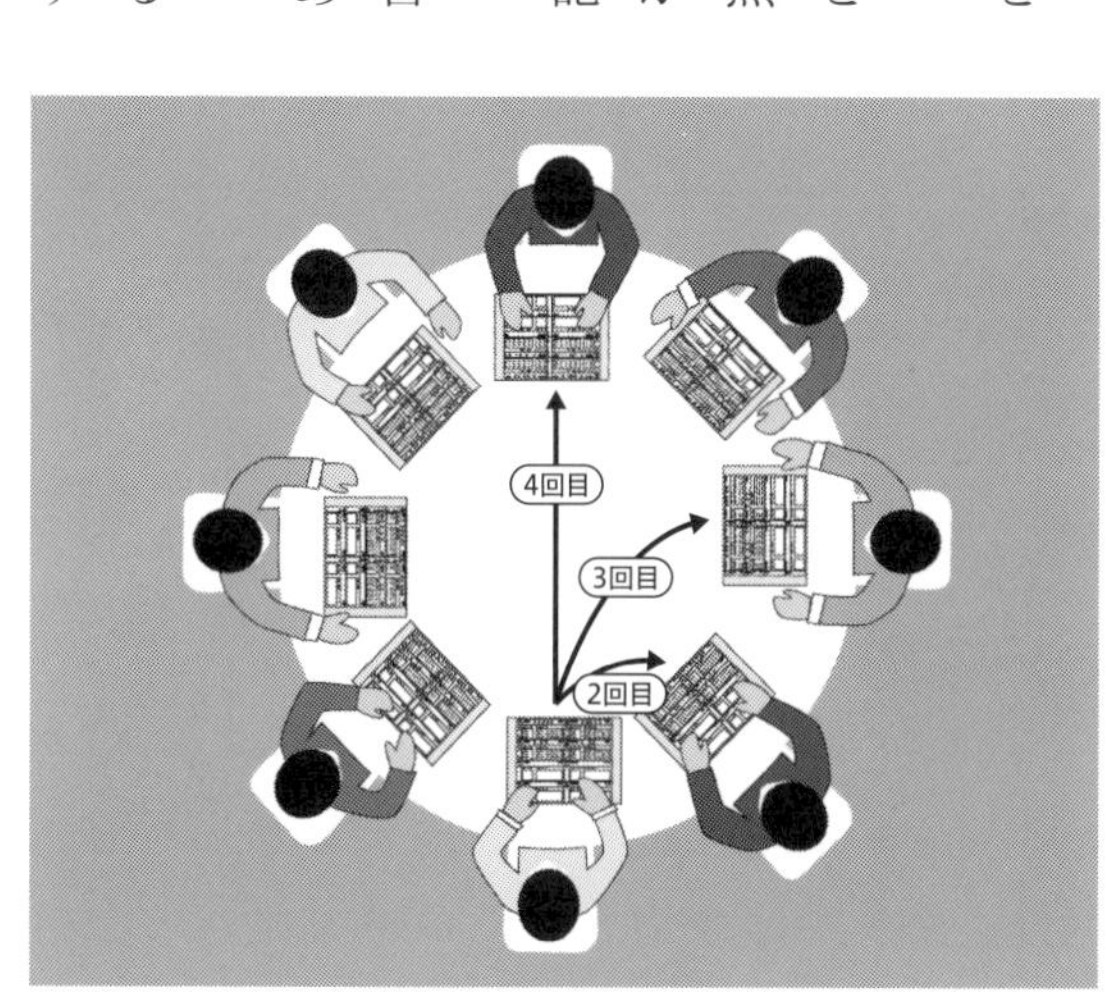

図１－６　記入シートの回し方例
（１回目：自分のシート、２回目：右隣り、３回目：一人飛ばして右隣り、４回目：三人飛ばして右隣り）

タイトルを全部書くこと。

・3、4ラウンド目の記入シートの書き方。

—三行目、または、四行目の欄2つの左側のマスに名前を記入する。

—次に、上の欄に書かれた（二人、または、三人）のアイディアを良く読み、必ずそのアイディアを起点とし、継承・発展・補足などさせながらその下に次のアイディアを創出し記入する。

タイトル、アイディアの具体的内容の書き方については、一行目と同様である。各列はアイディアの連鎖となる。

5. 記入シートの回し方を説明する。

参加メンバーの人数によって変わるが、1枚のシートを記入する4人ができるだけ同じ人にならないように配慮した回し方をする。

［例］メンバーが8人以上なら、2回目：右隣、3回目：1人飛ばして右隣、4回目：3人飛ばして右隣、とするなど。（図1-6）

6. 各ラウンド10分程度とするが、シートへの記入状況をみて、適宜時間を変動させる。

7. 会議の進め方について簡単な質疑を行う。

会議の本番

1. 記入シートの書き方に則り、２つのアイディアを記入シートの一行目に記入する。
2. 10分経過後、記入したシートをそれぞれ隣の人に回す。
3. 上記、記入シートの書き方に則り他人の書いたアイディアを継承・発展・補足させながら、二行目に２つのアイディアを記入する。
4. 同様の手順を３回繰り返す。
5. 全て記入し終わったら記入シートを回収する。

・１回の記入時間の目安は10分であるが、全員の記入状況を見て延長する場合は、「あと３分くらいで次に回します。」など、予告を入れて時間を延長するとよい。一般に、１回目の記入には少し時間を要するが、２回目以降は短くなる。

・主催者は会議中見回り、
氏名欄が未記入：氏名を記入して下さい。
枠をはみ出して書いている場合：字は小さくても結構ですから、枠内に書いて下さい。
タイトルが不適切：タイトルを少しこう変えるとテーマに合います。

など、アドバイスを入れると、それを聞いて他のメンバーも合わせてくれる。

・〝火事場の馬鹿力〟を期待すると言っても、アイディアが浮かばないこともある。そんな時、そのメンバーを窮地に追い込み過ぎない配慮も必要である。「大体いい加減な人ほど早く書けるんです。早く書けない人はまじめな人が多いんです。」などと言いながら（大抵の場合、ここで笑いが漏れる）、「あと3分くらいでお願いします。」と言うことがある。同時に、参加者全員の集中力を持続させるには、時間内にテキパキと進行させる。ダラダラは禁物である。

このT式ブレインライティングでは、会議の本番が10分×4回で40分程度、会議本番前の説明、質疑などを含め、概ね1時間である。

4　会議結果のまとめ（図1–7）

1．アイディアの書かれたB4判の記入シートを、A4判に縮小コピーする。
　–B4判の記入シートは原本として保管する。

2．縮小したA4判記入シートをカッターで切り、一つのアイディアを一つの紙片とする。

─記入シートの書き方で、「マスからはみ出さないように書く。」としたのは、切り取った一つの紙片の中に記入内容の全てが納まるようにするためである。

3. 一つの紙片ごとのアイディアを読み込み、類似タイトル、類似内容などの紙片をまとめてグループ化する。

─記入シートの書き方で、「タイトルを『同上』などとは書かずタイトルを全部書くこと。」としたのは、各紙片が独立したアイディアとして扱えるようにするためである。

4. 各グループごとにアイディアをさらに読み込み、精査して優先順位をつけ、使えそうなアイディアを整理する。

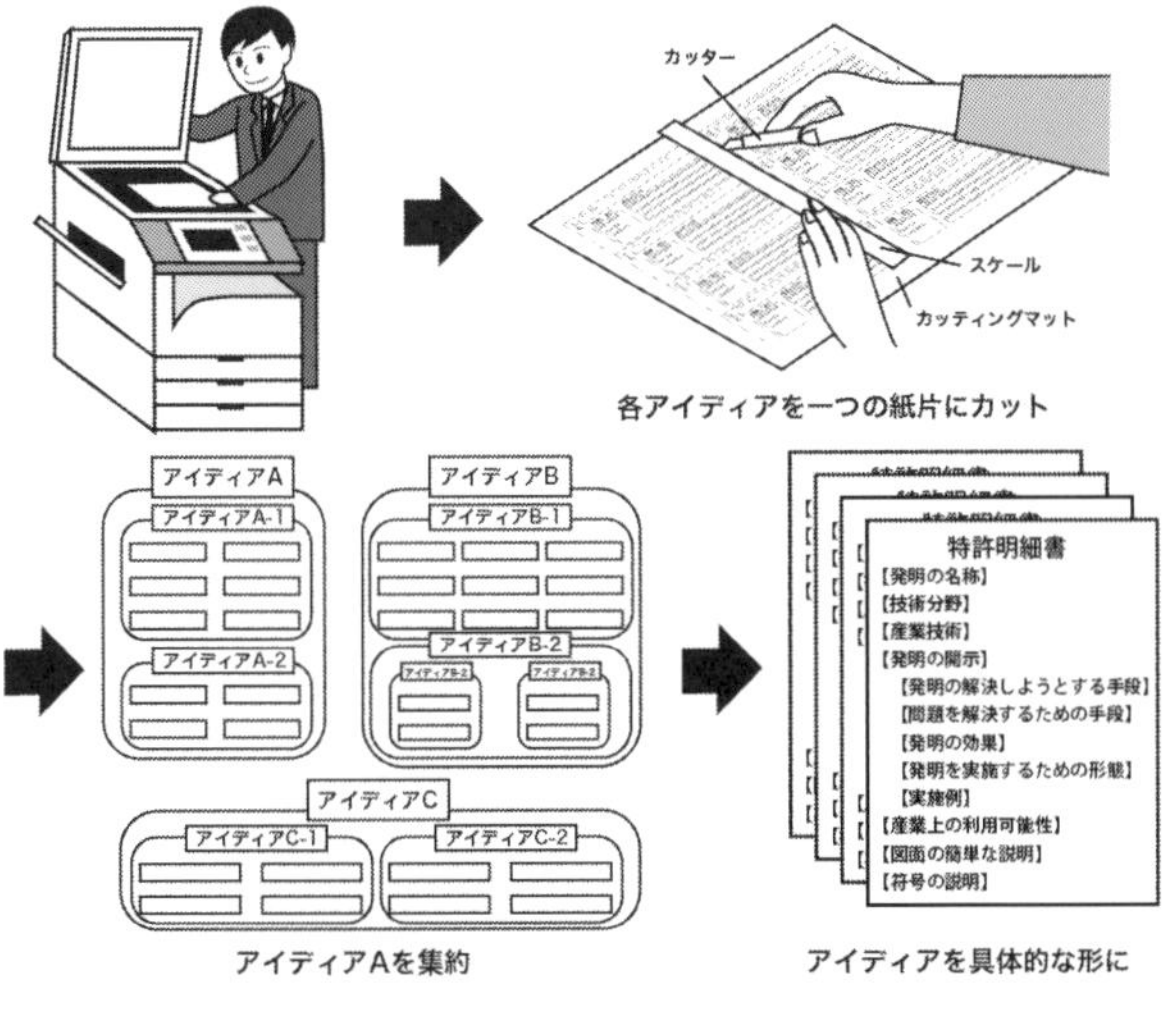

図１－７　会議結果のまとめと具体化

―タイトルが同じであっても、背景理由を読むと全く異なったアイディアであることもある。

―タイトル欄の右端に、A～D、Ⅰ～Ⅳの記号が入れてあるが、この記号によって、一連のアイディアの時系列順序をフォローすることができる。

―全体を俯瞰したり、時系列順序が分からなくなった時には、B４の原本を参照する。

5．課題解決に向けたアイディアの抽出。

〈ここでは、主催者、または、主催者を含む当該の課題担当者がT式ブレインライティング会議の結果を元にして課題解決のためのアイディアを抽出することを想定している。〉

―一連のアイディアの流れから課題解決のコンセプト／いくつかの具体策が見えてくるもの。

―多様な視点によるアイディア群によって、課題解決のコアとなるコンセプトが浮かび上ってくるもの。

―提示した課題を超えるその先のアイディアによって課題を見直し、新たな課題解決のためのコンセプトが形成されるもの。

―類似のアイディアを取捨選択する過程で、抱いていた課題解決の道筋が見えてくるもの。

―当面の課題解決に使えるアイディア、次のステップの課題解決に使えるアイディアが明確になるもの。

など。

6．会議結果の報告。

原則、まとめられた結果やそれに伴う今後のアクションプランなどを、Ｔ式ブレインライティング会議の参加メンバーに報告する。これからも協力を仰ぐ可能性があるのであれば、しっかりした報告は欠かせない。

―有用なアイディア、主催者の想定を超えたアイディア、そしてそれらをどのように活かそうと考えているか、取り組みの具体案、など。そして、基本は、感謝とアイディアの素晴らしさを褒めること。

―特許などに発展する場合には、発想者を尊重した権利配分を考慮すること。（ルールを事前に作り、会議前に伝えておくことがよい。）

―上長などが会議メンバーの時には、組織人としての対応をしておくと。その後の業務遂行などがスムーズに運ぶことがある。

なお、求めるアイディアについては説明するが、何に使うかなどは説明しないブレインライティングもある。そのような場合、多くは互いに知らないメンバーが集められる。当然、このようなブレインライティングでは、結果の報告もない。

5　T式ブレインライティングの特性

T式ブレインライティングの特徴

本発想法は、ロールバッハの創案した635法の変形であり、当然、ブレインライティングの原形の特徴を多く受け継いでいる。一方、想定する課題の解決や目的の達成に向けて変形したことにより、原形が持つ特徴が強調された所や、希薄になった所、新たに加えられた特徴がある。それら総てがT式ブレインライティングの特徴となる。

一般に、長所と短所は表裏一体である。以下、T式ブレインライティングの特徴を7つに整理した。

(1) 主催者の準備が7割

どのような会議であれ、会議を主催する人の十分な準備が会議を実のあるものにする。Ｔ式ブレインライティングでは、前述したように、主催者は適切なメンバーの選定とブリーフィングについて十分な準備をすることを必要条件としている。

２０１３年にRoutledge社から出版された「The Routledge international handbook of innovation education.（Larisa V. Shavinina編）」の６３５法の解説では、「記入シートさえあれば、誰でも実行可能な極めて簡単な発想法」として長所に挙げているが、Ｔ式ブレインライティングでは、主催者の時間を掛けた準備が極めて重要であり、そう簡単ではない。この会議を成功させるためには、主催者の準備が7割、と考えている。

⑵多様な視点が命

発散技法を用いる発想法とは、多様な視点を作るための技法である。Ｔ式ブレインライティングは、この多様な視点を作るための仕掛けに力を入れている。具体的には、多様性（ダイバーシティ）を考慮してメンバーを選定する。また、ブリーフィングでは他の発散技法を使いながら課題についてのさまざまな視点を整理し、会議メンバーに提示する。Ｔ式ブレインライティングでは、この多様な視点作りを綿密に準備することこそ命なのである。

⑶密度の濃い1時間

T式ブレインライティングは、1ラウンド10分、4ラウンドの発想会議である。冒頭のブリーフィングを含め概ね1時間である。沈黙の会議と言われるこの会議では、皆40分間黙って集中しアイディアを考え出す。濃密な時間である。

沈黙の会議では、発言する会議のように、リアルタイムで他の人のアイディアを知ることができない。時にはアイディアが重なることもある。しかし、多様性を考慮したメンバーの選定、ブリーフィングにおけるさまざまな視点の提示などがあり、その重複はそれほど多発するわけではない。それよりも沈思黙考の40分の方がずっと貴重である。それに、どのような発想会議であっても創出された全てのアイディアが有用ということはまず有り得ない。一般に、これは、というアイディアが半数有れば上出来と言えるであろう。

⑷書くことの効用は絶大

書くとは考えを外在化させることである。その書いたことは目を通して再び脳で反芻され、その結果としてアイディアは洗練される。話すより論理的で完結性が生まれる。

文字として残ることは、書く人（アイディア提供者）には適度なプレッシャーとなる。他人が読むし、記録として残されるのであればそれなりに責任も感じるであろう。密度の濃い思考時間を生む背景の一つともなっている。

一般に、会議では議事録を作る。ブレインストーミングでは次々に発言されるアイディアを書きとめる書記の役割は重大である。しかし、T式ブレインライティングでは各人が正確に自分のアイディアを簡潔に記入シートに書きとめる。会議終了後、結果をまとめる作業ではこの記入シートを使う。

アイディアを考える時も、結果をまとめる時も、アイディアを文字で書き残すことの効用は絶大である。

⑸誰にでもできそうと思わせる緩い制約

アイディアを出してもらうために集められたメンバーであるから、皆それぞれに腕に覚えのある人たちである。要求されているアイディアはわずか２つ。10個も20個も要求されているのではない。制限時間10分で２つなら軽くアイディアは出せそう、と思わせるのがT式ブレインライティングの重要なポイントである。

無理難題の解決を強要しても出来ないものは出来ない。発想に際しては、まずその回答者（アイディア提供者）の手が届きそうな状況を作り、心を前に向かせることが必要である。求める課題解決のアイディアがたとえ高度であったとしても、〝２つなら〟という思いにさせるのである。それに、記入欄は15cm×5cm程度で、これなら何とか書けそうだと思わせるスペースである。

たくさんのアイディアを持っている人もいる。しかし、求めているのは2つだけである。当然、有力な解決策と判断したアイディアを2つに絞って書くであろう。多くのアイディアに順位をつけて、そのベスト2を書くことになる。これは有用なアイディアとなる可能性が高く、数に制限を加えない自由記述とは異なる重要なポイントである。

文字で表現しにくければ、絵をちょこっと描いてもよい。グッド・アイディアをしっかり書きたければ、少し小さめの文字で書けばよい。記入スペースは小さくとも、どう使うかの自由度は残されている。

⑹さまざまなプレッシャーを作り発想を促進。

通常、T式ブレインライティングは6～10人程度で行うが、メンバーが多い場合でも、ロの字、または、コの字形式の座席を配置した会議室で行う。静かな会議室では記入シートにアイディアを書いている音が聞こえる。向き合って座る会議室では書き終えた人の姿が視界に入る。これらは、未だアイディアが浮かばない人にはそれなりのプレッシャーとなる。ファシリテータ（主催者）は、全員の記入状況を見ながら回覧の合図を出すが、自分がその最後にならないようにしたい、という思いがプレッシャーとなるのである。とにかくアイディアをひねり出さなければならない。ここに「火事場の馬鹿力」を生み出す状況が生まれるのである。時間の制約は、原形のブレインライティングの欠点に挙げられているが（3章の4）、T式ブレインライティングでは「火事場の馬鹿力」の演出に活用する。*（図1−8）

*T式ブレインライティングを実施した時、著名な大学教授が「徳永さん、久しぶりに白紙答案を出す時の心境になり頑張りました。」と言われたことがある。

図1−8　火事場の馬鹿力

ある研究会では、毎回このT式ブレインライティングを実施したが、前回のT式ブレインライティングの結果も合わせて報告した。アイディアの発想者の名前は出さなくとも、誰のアイディアかを報告者は把握していることを研究会のメンバーは知っており、そのこともまた軽いプレッシャーとなって、回を追うごとに内容の充実したT式ブレインライティングとなっていった。

⑺紙（シート）の前に平等

発言力の格差はブレインストーミングの大きな欠点の一つとされている。それに対して、声の大きな人、年上の人、職制上の上位者、権威者などによる発言力の格差とは無縁の発想会議がこのT式ブレインライティングである。この会議では、アイディアのある人が偉いのである。〝紙（シート）の前に平等〟はT式ブレインライティングのキャッチフレーズである。それ故、組織の中でこのT式ブレインライティングを実施したり、広めようとする時には、前述（1章の2）のように、それなりの組織人としての配慮も必要である。

また、ブレインストーミングでは反対意見を言わないことになっている。しかし、反対意見は視点の異なる意見であり極めて重要である。このT式ブレインライティングでは反対意見は歓迎である。

T式ブレインライティングのさまざまな活用

T式ブレインライティングは、次章で例示するように、サービスや各種プロジェクトの企画書、キャッチコピー、特許のアイディアなどを集めるのに活用した。

他にも、企画書などで使う図表のリファインにも有用であった。具体的には、縦書きの資料の場合にはＢ４用紙の左半分に当該の図表を載せ、右半分に縮小した４×２の記入シートを載せる。横書きの資料の場合には上半分に当該の図表を載せ、下半分に縮小した４×２の記入シートを載せる。会議メンバーはその図表を読み、加筆修正が必要と思われる箇所を矢印で記入シート欄まで線を引き、タイトル欄に加筆修正事項を、具体的な内容をその下の欄に記入する。以下、３回まわす。記入欄は少し小さいが、それでも４人の目で内容が吟味されることにより充実した図表にすることができた。

今後とも、工夫次第でさらにさまざまな使い方が開発されることが期待される。

どんな時に有用か、どんな時に無用か

多数で知恵を出し合うのが会議である。だから、自分以外の他人の存在がその人の知恵を引き出すのに有効に働く会議は、一般に優れた会議システムと言えるであろう。

どんな課題についての知恵出しか、その課題や目的によって会議の性格が異なり、それぞれ

に最適な会議システムが存在する。T式ブレインライティングは課題解決のための発想会議である。他人の知恵（視点）を借りながら、原則、他人に邪魔されずひたすら考えて発想したアイディアをシートに記入する。発想会議としては、上述の優れた会議システムの定義に近いであろう。

他人の知恵は借りるが邪魔はされない。会議メンバーに求められるのは、大きな声の人でも偉い人でもない。それぞれの分野に精通した知恵者である。解決課題の趣旨を理解し、多様なバックグラウンドを持つアイディアマンが集められた時、このT式ブレインライティングは極めて有用な発想会議となる。

無用な場合はいろいろある。同様のプロファイルを持つ人ばかりが集められた時には成果を期待することはできない。視点の多様さこそこの発想会議のポイントだからである。メンバー一人ひとりにアイディアがなければ論外である。

会議の目的が意思決定という場合、意思決定の前提となるアイディア、例えば、組織の方向性や財務方針などのオルタナティブを求めるような場面も考えられるが、一般的には発想会議はなじまない。発想会議は、深い議論をする場ではないからである。

T式ブレインライティングの結果をどのように活用するかも極めて重要である。用いる記入シートの大きさでは、まとまった文章や長文を期待することはできない。文章型の知恵出しには不向きである。〝文章〟にはある種の〝深さ〟が求められているからでもある。

どのような会議にでも共通することであるが、目的や目標が不明確なT式ブレインライティングは失敗する。参加メンバーに力を発揮してもらうには、全員が明確な目標や目的を共有することが不可欠である。

第2章　実践！ T式ブレインライティング

本章では、課題解決*に向けて実践したT式ブレインライティングの例について紹介する。

＊妹尾堅一郎は、行政や企業の文書で多用されている「課題解決」という言葉は日本語として不適切である、と指摘する。
「問題」は「解決する」ことはあるが、「課題」は「遂行する」あるいは「達成する」ものである。問題と課題の混同は、事実を俯瞰的にとらえられず、何をどうしたらよいか、理解できていないことを意味する。問題と課題の違いを理解しないまま、「課題解決」と言っているようでは何も解決できない（週刊東洋経済、二〇一二年一〇月一三日）。

妹尾から見れば粗雑な思考に陥っている証しと言われるであろうが、本書では「課題解決」という言葉を使っている。T式ブレインライティングで扱うテーマやそれに関するアイディアについては、問題解決に向けて遂行すべき課題を見出し、その課題を解決するためのアイディアを求めているという認識だからである。

ここで紹介する例は、実際に行ったT式ブレインライティングによるアイディア出しをベースにし、脚色したり、趣旨を踏まえて創作されている。実際の課題は当事者間の機密事項であり、また、例題としては一般性に欠け、必ずしも相応しくないと考えられる箇所が多々あるからである。さらに、できるだけ新しい情報を取り込むように見直したが、実施してから数年を経過したテーマもあり、変化の激しい社会情勢に少し合わない箇所もあり得る。

なお、ここでの例は、地方行政に関わるアイディア、新商品開発に関わるアイディアに絞られている。*　著者が単独の主催者、あるいは共同の主催者として仕事上最も多くＴ式ブレインライティングを活用した技術開発やその応用に関するアイディアについては、知的財産権など各企業の事情があり紹介することは出来なかった。Ｔ式ブレインライティングはこれまで述べてきたように、さまざまな分野で広く活用することができる。例を読み込み、読者の抱えているそれぞれの課題解決に向けてどのようにしてＴ式ブレインライティングを回せばよいか、どのように工夫、改良すれば使える技法となるかのヒントを見つけて欲しい。

＊これらのテーマでの著者の役割は、依頼者へのＴ式ブレインライティングの導入指導、主催者（依頼者）のブリーフィング資料作成やまとめ段階における議論への参加と助言、本番での補助などである。

事例紹介は次のような構成となっている。

まず最初ページに、課題に対するT式ブレインライティング結果の要約の一部として、ブリーフィングを抜粋した「概要説明」と、主に最初の2つのアイディアの中から選定した「視点・起点のアイディア」の例を示した。

次のページは記入シートの例である。ワープロで打つため、文字を小さくすることができる。実際は手書きのために、ここまで書き込めない場合も多い。本書を作るにあたり、後から本人の意図を聞いて書き加えた箇所もある。

そして最後のページは、「具体的なアイディア例」として記入シートに書かれたアイディアの一部を編集し記載した。


これまでにも繰り返し述べてきたが、このT式ブレインライティングで集めることができるアイディアはあくまで思い付きである。確たる何かが出てくるわけではない。それから先は、そのアイディアを具体化し実際のジョブに落として実行し、はじめて課題が解決される。アイディア出しは課題解決に向けた工程表の中の最初の入り口である。

1　地方の活性化

２０５０年には、日本の人口は1億人を割り９７０８万人で、そのうち65歳以上の高齢者の割合は38・８％を占めると推計されている。人口減少と超高齢化のダブルパンチの影響を真っ先に受けるのは地方である。全国の市町村の約半分にあたる８９６の自治体に〝消滅〟の可能性があるという[1]。

各市町村では地元経済の活性化が喫緊の課題である。地元経済が活性化すれば雇用が生まれ、Ｉターン（出身地とは関係なく地方に移住）やＵターン（一度都会に出た若者が地元に帰る）で、若者を呼び寄せることができるからである。

地方の活性化では、施策が一過性とならないために、採算性、持続性、発展性が大切で、まずはスモール・スタートであっても、施策の実質化に向けて次のアイディアも求められる。

地方の活性化には、「若者」「バカ者」「よそ者」が必要だ、という[2]。

徳島県阿南市の「野球のまちづくり」を推進した田上重之氏、ドーム型植物工場を考案し、農業ベンチャーのグランパを立ち上げた阿部隆昭氏などは50代、60代でプロジェクトを立ち上げた。実年齢には関係無く、良く動いて活気に満ちた心身共に溌剌とした「若者」であることが地域の活性化には必要である。

新しいことを立ち上げるとさまざまな抵抗があるし、それを乗り越えるには多くのエネルギーが必要となる。常識に囚われず新鮮で突飛な発想をし、周囲の反対を押し切ってでも挑戦するという意味での「バカ者」は、プロジェクトリーダーとして必須の能力である。

新しいことを立ち上げるには、新しい視点が必要となる。「よそ者」への期待とは、外から多くの人たちに来て欲しいということ以外に、その地域の中に住む者では思いつかないような異なった視点から物を見る人への期待も大きい。この節でのT式ブレインライティングの実践例は、地方の活性化に向けた外部の視点からのアイディア提案である。

(1)増田寛也編著、〝地方消滅〟（中公新書）、中央公論社、２０１４

(2)真壁 昭著、〝若者、バカ者、よそ者 イノベーションは彼らから始まる!〟（ＰＨＰ新書）、ＰＨＰ研究所、２０１２

【政府の「地方再生戦略」3つの柱】

1. 地域成長強化
   農林水産業再生、地域産業活性化、観光交流等

2. 地域生活基盤の確保
   医療・福祉、情報通信、生活交通等

3. 低炭素社会作り
   CO_2 削減を目標にした地域づくり

[例]

長寿の国　かごしま発「平成版IT湯治」
〜〜健康な私を見つけ、もっと元気な私になる旅〜〜（鹿児島県指宿市）

地元の食材を生かした低カロリー食、ウォーキング、砂むし入浴等を組み合わせた滞在プログラムを提供するとともに、身体状況計測器・ICTを活用して滞在者の健康状態を計測し即時的に食事・運動のアドバイスなどを行う「平成版IT湯治」の商品化を進め、健康保養滞在型の観光地づくりを進める。

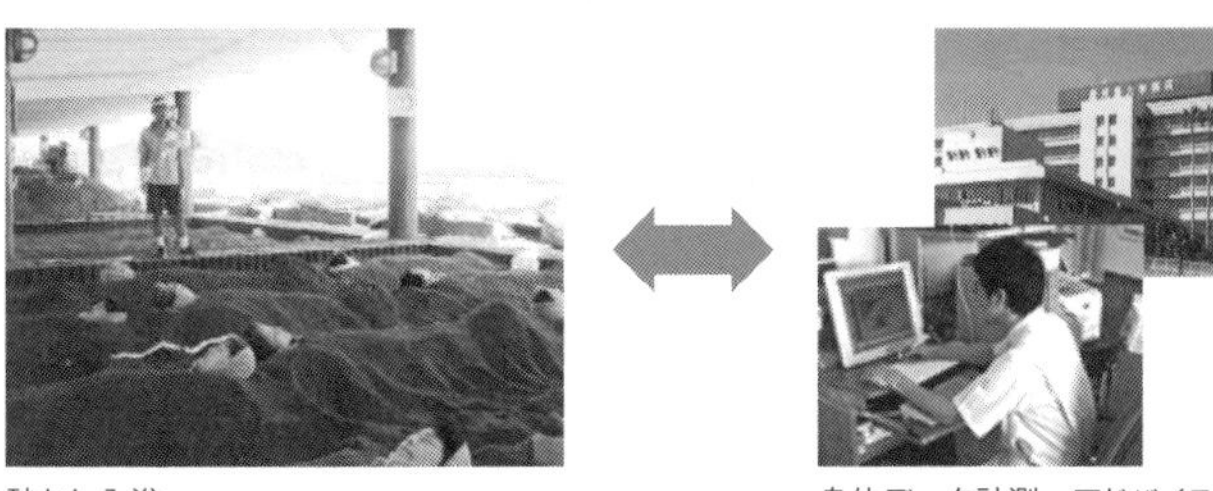

砂むし入浴　　身体データ計測、アドバイス

平成20年度の主な取組
① ICTを活用して保養滞在者の身体情報の蓄積、情報のフィードバック・アドバイスを双方向に行う「平成版IT湯治」システムを構築。
②指宿市において「平成IT湯治」システムを用いた実証実験を行い、生体情報を収集し、その特性・効果を評価。

平成21年度以降の展開
システムの信頼性を高めるとともに、健康発見型地域宿泊商品としての販売を進める。また、指宿市の「菜の花マラソン」や砂むし等と併せた健康保養滞在型の観光地づくりを進める。さらに、「平成版IT湯治」を県内、九州、全国へと拡げ、健康づくりのネットワークを国内に作り上げる。

（平成24年度「地方の元気再生事業」より）

【実践例1】ふるさと納税の活性化・拡大・活用

ふるさと納税制度は2008年からスタートし、近年、その制度が広く知られるようになった。それに伴い、寄付者へのお礼の品が、制度本来の趣旨を逸脱し過当競争になっているとの指摘があり、2017年度は見直しが図られている。新たな智慧の競争が始まったのである。

実践例1は、このふるさと納税を活性化するためのアイディアである。

【ふるさと納税制度】

多くの人が地方のふるさとで生まれ、その自治体から医療や教育等様々な住民サービスを受けて育ち、やがて進学や就職を機に生活の場を都会に移し、そこで納税を行っています。

その結果、都会の自治体は税収を得ますが、自分が生まれ育った故郷の自治体には税収が入りません。

そこで、「今は都会に住んでいても、自分を育んでくれた「ふるさと」に、自分の意思で、いくらかでも納税できる制度があっても良いのではないか」（出典：「ふるさと納税研究会」報告書）、そんな問題提起から始まり、数多くの議論や検討を経て生まれたのがふるさと納税制度です。

（「総務省　ふるさと納税　ポータルサイト」より）

【実践例1】ふるさと納税の活性化・拡大・活用
〈結果の要約（一部）〉

【概要説明】

- 市民が地域を選んで税金を納め主体的に町づくりに参加することのできる“ふるさと納税制度”は、2008年からスタートし、2015年度の寄付金総額が最も多い市では35億円余を集めた。予算の少ない地方の行政にとってこの資金はありがたい。
- ネット上では、“ふるさと納税”に関する種々のサイトが立ち上がっており、寄付者へのお礼の品の人気ランキングが公表されている。
- 1万円の寄付に対し、市価6千円程度のお礼の品が寄付者に送られるが、近年、コスト・パフォーマンス（C／P）のより高い品に目が行きがちである。
- C／P競争ではない（C／Pに頼らない）価値観のお礼を考え、多くの寄付金を集めたい。
- 寄付者にはこの町の良さをアピールし、（一過性ではなく）その後も引き続きさまざまな場面で活動する応援団となってもらい町の継続的な活性化を図りたい。

【視点・起点のアイディア】

1. この町ならではのモノの活用。（T市では、お礼の品以外にオマケで付ける名人が作る駒のストラップが人気）
2. この町出身の著名人の活用。（ミュージシャン、画家、作家、起業家、など）
3. この町出身者名簿の活用。ただし、個人情報に注意。
4. 寄付金（により実現した事業）の恩恵に授かった町民からの寄付者へのお礼の手紙。
5. ネットのさらなる活用。
6. 都市にある、町営（県営）の物産店（アンテナショップ）や支店の活用。
7. 寄付した人が町を訪れてくれるための仕掛け。
8. リピーターを育てる仕組み。
9. 他の人を勧誘した場合に与える特典などによる広がりを促進する仕組み。
10. 高額寄付者を大切にし、高額寄付者を増やす仕組み。

【実践例1】ふるさと納税の活性化・拡大・活用

〈記入シートの例：C／P 競争には陥らずに寄付金をどうやって集めるか〉

氏名	タイトル		
At	この町出身のミュージシャンと町民NWの活用		A
	背景／理由	具体的内容	
	お礼の品が町の物産だけだと、結局C／P競争になる。町出身の若手ミュージシャン○○さんに協力を仰ぎ、町でのコンサートを開催する。	・お礼はミュージシャン○○さんのコンサートチケット。 ・コンサートチケットには、通常のC／P競争とは別の価値観が働く。 ・コンサートを町の祭りのイベントとすれば、都市に出ている町民も帰郷しやすい。今いる町民にはチケットを販売する。納税者の人数によって販売数を調整する。（未成年者はお父さんに納税をお願いする） ・○○さんのファンクラブの会員にふるさと納税を呼びかけるのも有り。 ・コンサートに来てくれた人たちには町のおもてなし。	
As	リピート率などを考慮したコンサートの席の割り当て		B
	背景／理由	具体的内容	
	コンサートはいいかも。リピーターも大切。全国に散らばる町民の活用も重要。	・コンサートの席はリピート回数に応じて良い席を割り当てる。寄付の申し込みも早いほど良い席に。（割り当てのアルゴリズムは別途） ・町民からの紹介を席の割り当ての時考慮に入れると、都市に居る町民のステータスが上がったり、新しい友達作りに貢献できる。 ・紹介した人数が多い町民にお礼をする制度を作れば、その町民もまた頑張れる。 ・良循環が幾重にも重なって引き起こされるシステム作りが拡大への鍵。	
Tm	都市に出ている町民をまずふるさと納税者に		C
	背景／理由	具体的内容	
	町の出身者こそが第一のターゲット。ミュージシャン○○さんを広告塔に。一般の納税者とは異なる、町民の琴線に触れるお礼を。	・ふるさと納税者の第一は都市に出ている町民。ミュージシャン○○さん（町民なら皆知っている町の誇り）に広告塔になってもらい勧誘。 ・町民は一般の人たちとは異なる心のC／Pに訴求。 ・△△さんちの漬物、町の住民が総出演のビデオ、都市で働く町民のメッセージビデオ、小学校や祭りの歴史、など。一般の人にはつまらないものでも、町民にしか理解できない大切な“心”に訴えるものを。 ・長期的には全国に散らばる町の大使に育てることこそ一番の狙い。	
Ys	この町出身のミュージシャンと町民NWの活用		D
	背景／理由	具体的内容	
	町民の勧誘も重要だが、毎年納税してくれるリピータを確保することはさらに重要。	・納税額に対するお礼の品の評価額で算出されたC／Pランキングは、適宜更新され公表されている。ユーザはそのランキングを見て納税先を決めているケースが多い。しかし、前年（あるいはずっと前から）納税した人に何か特典があってもよいはず。 ・当人だけにメールなどで、公表されたお礼に更にリピート回数に応じてプラスするお礼を知らせる。自分だけ特別、という心理がこの施策のポイント。リピータにはコンサートの特別席招待や名誉町長など。	

【具体的なアイディアの例】

・この町を知ってもらうため「ふるさとパック」を作り全ての寄付者に送付。（すでにH市などでは実施）
　－町のパンフレット（大抵の人は町の位置、産業、観光名所などほとんど知らない）や、ふるさと納税により実現した町の事業の例を紹介（どれほど町民にはうれしいことかをビビッドに伝える）など。

　－名産の試供品セット（都市ではどこでこの名産品を買えるかの案内パンフレットも）。

　－町で使える（温泉などの）クーポン券、都市にある町のアンテナショップで使えるクーポン券。
・まずは他の都市に居住するこの町の出身者をふるさと納税者にすることが重要。
　－他の都市に居住する町民の家族、親せき、小・中・高校時代の友人などから徐々に広げる。
　－町民の全国ネットワークの整備。（この整備費に寄付金を充ててもよい）
　－町民の全国ネットワークで町の情報を配信。（町民ならではの琴線に触れる情報がポイント）
　－町の出身者へのお礼は、一般の寄付者には公開しない特別の特産品を送る。
　－長期的には全国に散らばる町の出身者を，それぞれの都市での町の大使に育てる。
・この町出身者のミュージシャンに協力を仰ぎ町でコンサートを開催したい。
　－寄付者にはコンサートチケット。人気のミュージシャンなら、このチケットを目当てに寄付する人も出てくる。町に来て町を知ってもらい，町の支援者になってもらうことは重要。

　－コンサートが発展的に大きく（毎年開催と）なれば町のイベントとして町おこしにも貢献。

　－コンサート前夜は、町に泊まって町民とのコミュニケーションを図る。町のおもてなしで、町のファンを作る。
・ふるさと納税で作られた橋などには、（高額）寄付者の銘板を必ず設置。そして、寄付者に報告。
　ただ「ありがとう」ではなく、実際にどのように役立てられたのかを知ってもらうことが大切。
・ネットを使い前年の寄付者には、個別に季節のあいさつ、新しいお礼の品や受付時期の案内、アンテナショップの売り出し、などで縁をつなぐ。
・新しい寄付者を紹介してくれた場合には、その人にもお礼の品を送る。紹介者数が多い人には、感謝状や町への招待、名誉町民、名誉大使など、町の一員として取り込む仕掛けを作る。

【実践例２】地域の活性化に向けたＩＣＴの活用

コンピュータやネットワーク技術の進展が目覚ましい。ネットワークは、国内の人だけではなく、世界の人と直接つながっている。地方の活性化はこれらの技術をどれだけ取り込むことができるかが大きなキーとなる。実践例２は地域の活性化に向けた、ＩＣＴの活用法に関するアイディアである。

【「ICT 地域活性化大賞 2016」】

総務省では、地方が抱える様々な課題（人口減少、少子高齢化、地域経済の衰退、医師不足、災害対応等）を解決するため、それぞれの地域において自律的な創意・工夫に基づくICT（情報通信技術）を活用した様々な優れた取組を広く募集し、表彰している.

2016 年の表彰

大賞 / 総務大臣賞

・ICT による衣服生産のプラットフォーム：シタテル（株）

優秀賞

・ICT で創る新しい農業・教育のかたち：新潟市 /（株）NTT ドコモ）

・佐渡地域医療連携ネットワーク「さどひまわりネット」：（特定非営利活動法人佐渡地域医療連携推進協議会）

・しずみち info・通行規制データのリアルタイム・オープン化：（静岡県静岡市）

奨励賞

・学校・家庭・地域を結ぶクラウドを活用した効果的な ICT 活用教育の実現：（福島県新地町）

・C2C 地域体験と自治体連携を通じた着地型観光商品の開発：（株式会社ガイアックス）

・スマート農業と除排雪への横断的活用による地方創生：（北海道岩見沢市）

・都市の将来像可視化ツール「MyCityForecast」の開発と全国展開：（東京大学生産技術研究所関本研究室）

・21 世紀型スキルを育む ICT 教育でみんなが住みたくなるまち：（茨城県つくば市教育委員会）

・福岡市地域包括ケア情報プラットフォーム：（福岡県福岡市）

・ママスクエア葛城店 ～テレワークを活用した母親雇用創出事業～：（奈良県葛城市）

・名勝仁和寺の文化財保護保全を目的とする無線 LAN 整備事業：（TimeAge 株式会社）

（「総務省　ホームページ」より）

【実践例2】地域の活性化に向けたICTの活用
〈結果の要約（一部）〉

【概要説明】

・過疎化が進んでいて使っていない田畑や家屋などが増えてきた。また、町民の高齢化、若年者の減少などの問題を抱えている。使っていない田畑や家屋の有効活用、若年層の流出に歯止めをかけるためのＩＣＴを活用したアイディアが欲しい。町の売りである豊かな自然もうまく活用して欲しい。
・田畑や空き家を（無償または超低額で）提供するが、原則、資金援助などは難しいので企画提案者が自前で必要な設備などを設置することが条件である。水道、電気、ガス、通信回線については相談に応じる。
・公序良俗に反するモノでなければ、指定する地域内では原則として規制事項を考えずに（事前相談は要）試行してよい。
・町の特性を活かし、将来的には町全体を巻き込むような産業に発展すること、またその発展の過程で町のインフラ整備が進み住みよい町作りに貢献できればなお良い。
・先駆的な取り組みを歓迎する。それが今後大きく広がる可能性を示せれば、種々の補助金も期待できる。

【視点・起点のアイディア】

1．ＩＣＴによる農業の再興は地についた町おこし。
2．ネットワーク環境があればできることはたくさんある。いろいろな規制があってできないことも、地域を限定すれば試行できることは多数ある。規制に縛られない電波特区で町おこし。
3．観光振興にはタイムリーにビビッドな情報発信がキー。ＷｉＦｉの活用を考える。
4．空き家や豊かな自然とＩＣＴを活用した、小説家村、漫画村、絵画村、ゲーム村などの○○村（特区）を作る。
5．過疎地にこそ医療環境の整備が必要。ＩＣＴを活用した遠隔医療の充実を図る。
6．何をやるにも資金は必要。資金集めにクリック募金やクラウドファンディングなども活用する。

【実践例2】地域の活性化に向けたICTの活用
〈記入シートの例：医療環境の整備が必要．ICTを活用した遠隔医療の充実を図る〉

氏名	タイトル	村役場に“テレメディスン・ルーム”	A
Ty	背景／理由	具体的内容	
	過疎地に病院は作れない。医療制度の問題はあるが、遠隔医療でどこまで病院の肩代わりができるかがポイント。	・各個人や家庭でコンピュータやネットワーク環境の整備は難しい。村役場の一室を“テレメディスン・ルーム”とする。（役場の担当者はそれなりのＩＣＴ教育を受けておく必要あり） ・血圧、心電図、脈拍、指尖脈波が簡単に計測できる健康管理端末。計測データはＩＮを介して提携病院へ送信。 ・ＴＶ電話による提携している病院の医師による診察。 ・医療科目に対応した種々の問診票。	

氏名	タイトル	“スマホ”“ウェアラブル”を活用した遠隔医療	B
Sk	背景／理由	具体的内容	
	整備しなければならないことは多いが、ＩＣＴと言うのならスマホ、ウェアラブルを活用した遠隔医療。	・心電や呼吸状態などを計測できるウエアラブルセンサーやモバイル機器を使った遠隔でのモニタリングツールが実用化されサービスが始まっている。そのノウハウを引き継ぎ遠隔医療を実現する。 ・過疎村に通信環境の整備やスマホ、ウェアラブル端末を持ち込むこと／普及の壁はあるが、過疎だからこそその効用は大きい。 ・村の助け合いの精神などで、都会では出来なかったスマホやウェアラブルの上手い使い方を開発する。	

氏名	タイトル	“スマホ”“ウェアラブル”で 未病段階での健康管理	C
Tn	背景／理由	具体的内容	
	“スマホ”“ウェアラブル”を使うなら日頃の体調管理に使える。	・“スマホ”や“ウェアラブル”による遠隔モニタリングによって、日常生活の中で健康のケアへと移行する。すなわち、病気になってからの診断・治療から、未病段階での健康管理や重症化予防が実現できる。 ・遠隔診療で重要なことは、高血圧症など重大な疾患につながる生活習慣病を「できる限り上流（早期）で食い止めること」が大切で、村の取り組みがその好例になるとよい。他村の遠隔医療導入の目標となる。 ・究極は、「健康村」の実現である。	

氏名	タイトル	ＩｏＴやドローンを活用した医療先端村	D
Ti	背景／理由	具体的内容	
	ＩＣＴの進歩は目覚ましい。それをいち早く導入して試行の場を提供すれば、この過疎村が医療の先端村になれるかもしれない。	・ＩＣＴの進歩を受けて、村でどのようなことが考えられるか夢を描くことは大切。種々のリソースを活用する時の指針となるからである。 ・パソコンなどを利用して入力したデータ以外に、様々なモノに取り付けられたセンサーによってデータを取得し、ＩＮ経由で病院に患者情報が送信され「IoT(Internet of Things)」健康管理が行われる。 ・オンラインで診療された処方箋や処方薬をドローンが家まで運ぶ。モニターをドローンが運び、それを使って遠隔医療を受けられる、など。	

【具体的なアイディアの例】

・主力産業であった農業を魅力あるビジネスにして再生するには、労働集約型生産ではなく、ＩＣＴを活用して生産の効率化、低コスト化を図り競争力のある工業化が必要。加えて若者の農業従事者を増やしたい。
　－高齢者ベテラン農作業従事者の種々のノウハウをＩＣＴにより“見える化”し若者に伝授。
　　・作業時にヘッドカメラを付け、作業画像を解析してノウハウを収集。
　　・各種センサーからのデータ情報を解析して水や肥料の量、それを与えるタイミングを把握など。
　　・将来的には農業の工業化。ＩＣＴによる自然災害や季節に左右されない効率的な野菜工場。
　－新種野菜・果実などの栽培による新市場の開拓。
　　・食の国際化に呼応し外国産野菜などの栽培。原産地のベテランによるＩＣＴを活用した各種指導。
　－ネットによる宣伝。
　　・当地野菜の由来、有名シェフによるレシピ、栄養学的な情報など、マニアックな情報の配信。
　　・生産物の生育状況を毎日ライブ中継。
　　・ネットによる入札、オークション。青田買いも有り。
・ＩＣＴ環境と空き家を提供し、豊かな自然の中で育む創造活動拠点を創り、若者の活力を導入して新たな町おこしを図る。
　－ＩＣＴは低コストで自然破壊を回避できるインフラ。
　　・全国通信網事業者が使っていない周波数を配分。
　　・センター設備はクラウドを活用。
　　・基地局端末・サービスは町／地域で運営。
　－廃屋をゲームやアニメ制作の拠点に。地場発電と組み合わせたスマート村など。
・町の見どころ、食など観光客誘致にＩＣＴを活かして町の活性化に結び付ける。
　－観光地の入口などにＷｉＦｉスポットを作り、スマホできめ細かいタイムリーな観光案内。

　－ＷｉＦｉを使い民宿や食事処、土産物店の案内・広告を配信。

　－町のＨＰとソーシャルメディアの連携による口コミ、ユーチューブを使ったコンテンツ配信、観光ナビに多言語翻訳など
　　・口コミの効果は絶大、観光スポットを紹介するコーディネーター、有名人にその発信を依頼。外国人を使った国際化も有効。

【実践例3】 村おこしのイベント

イベントは町おこし、村おこしの起爆剤として既に各地で行われているが、まだ地域の特性を活かしたイベントに手つかずの町や村は多数ある。実践例3は、自分たちには当たり前の風景、日常の風習を活用して村を元気にするイベントに関するアイディアである。

【観光による地域づくりの取組事例】

プロジェクト名：
芸術祭の開催を通じた地域活性化の取組
主要団体：十日町市、津南町
地域：新潟県越後妻有地域
行政の課題：過疎・高齢化の進行
手法：「ヨソモノ」を活用した地域の魅力の再発掘による地域経済の活性化、地域ブランド力の強化

〈プロジェクト概要〉

・十日町市・津南町（越後妻有地域）では、地域の里山を舞台にした国際芸術祭「大地の芸術祭　越後妻有アートトリエンナーレ」を 2000 年より 3 年ごとに開催。総合ディレクターにはアートディレクターの北川フラム氏を起用。
「人間は自然に内包される」を基本理念とし、300 以上の作品（※）を 760km² の広大な土地に広域に展開する、世界に類のない芸術祭。（芸術祭の開催期間終了後においても、200 以上の作品（※）を常設展示（積雪期を除く））作品製作については、アーティストだけでなく、地域住民や、首都圏の学生・社会人を中心としたサポーター集団（「こへび隊」）も参加。
開催 50 日間で観光客約 49 万人（※）を動員、経済効果は約 47 億円（※）。交流人口の増加と県内経済活性化に大きく寄与している。
・立ち上げ当初は議会や地域住民の理解が得られなかったが、「こへび隊」や国内外のアーティスト、大学等「ヨソモノ」を活用しながら、地域住民では気づきにくい地域の魅力を再発掘していくことで、徐々に地域の理解を得た。2012 年の第 5 回芸術祭では 100 以上の集落が参加するまでになり、お祭りや農作業への参加など継続した交流が続いている集落も多い。
・全国の若手クリエイターによる越後妻有地域特産品のリデザインにより、若い女性等への訴求力をアップ。
※文中のデータはいずれも 2012 年の第 5 回芸術祭のもの。

（地域の元気創造プラットフォーム公式サイトより）

【実践例3】町おこしのイベント
〈結果の要約（一部）〉

【概要説明】

・大きな河岸段丘の肥沃な土地に村はある。春にはコブシ、サクラ、アイリス、芍薬など色鮮やかな花が咲き乱れ、夏は渓流沿いのキャンプ場が賑わう。イチゴ、タケノコ、梨、桃、リンゴ、ブドウ、柿などの里山の恵みがこの村の特産品である。
・桜の開花と同じころ、各地区の神社では春祭りが行われ、町の出身者が多数帰郷するが、現状は内輪のイベントの域を出ていない。
・四季折々の村の良さや村の特産品などを活用して、多くの人に来てもらえる町に相応しいイベントを企画して村の活性化を図るとともに，インフラ整備につなげたい。春祭りの規模拡大も一つの候補である。
・イベントによって町が一つになれること。回を重ねるごとに規模が拡大する要素／特質／仕掛けを具えていること。できればオリンピックを控え、外国人にも来てもらえるアイディアが欲しい。
・このイベントを契機にして、村の活性化につながるさまざまな施策に発展することを期待。
・イベントの開催にはそれなりの予算が必要。２年までは赤字を覚悟。３年でトントンの黒字を想定。中長期計画の中でイベントの効用、経済効果を評価して必要な資金額を提示、また資金調達法を明らかにする。

【視点・起点のアイディア】

1．春祭りや収穫祭など、既存の行事を核にした展開は村民の理解が得られやすい。
2．色鮮やかな花が咲き乱れる春（例えばＧＷ）にマラソン大会。なだらかな丘陵、花以外にも少し山側に登れば滝など村の地形を利用したコース設定。沿道では村の特産物をふるまって選手を激励、など。
3．里山の恵みを活用しない手はない。主要７産物のうち収穫体験をした数によって賞を与える。（例えば、７つ全てだとグランドスラム賞：村への招待券、里山の恵み一式などの豪華賞品）
4．夏は河原で音楽祭を企画したい。初めは小さく。環境や設備を整備しながら10年で一大イベントに。
5．秋の芸術祭はできないか。著名画家を招いた写生大会。著名写真家を講師にした写真教室。
6．何もない冬にこそ日本の暮らし、文化を外国人に体験してもらうチャンス。田舎の暮らし体験イベント。
7．夏休みに小学生を対象にしたワンパクキャンプイベント。
8．イベントのアイディアではないが、イベントを成功させるには、どのようなイベントが村に相応しいのかを整理し、村の皆でその価値観を共有しておくことが重要。

【実践例3】村おこしのイベント

〈記入シートの例：“里山の恵み収穫体験”と“おもてなし”で村のイベント作り〉

氏名	タイトル　村の恵みの“収穫体験”を中心にした村おこしイベント　A	
Wm	背景／理由 里山の恵みを活用しない手はない。収穫体験以外に何を売りにするかが、イベントの成否を分ける。	具体的内容 ・収穫体験の観光農園はたくさんある。差別化をどう実現するかが鍵。村おこしのイベントとして、村をあげての取り組みで何ができるか。 ・夏に“ブトウと梨狩り”。それに、近くのキャンプ場でのＢＢＱ。村の盆踊りを披露するなど、村をあげてのおもてなし。そしてお土産も。 ・お得感満載のイベントにはコストがかかる。赤字では成り立たないが、効用をどの様に考えるか、どれくらいのスパンで考えるかも要検討。 ・まずは小さくスタート。３年目で単年度黒字、５年で累積黒字が目標。

氏名	タイトル　バスツアー会社と連携したイベント　B	
Kd	背景／理由 人をどうやって集めるかが一番重要。ネットや口コミだけでは難しい。まずはプロのツアー会社などと連携するのが早道。	具体的内容 ・どんなにお得感満載のイベントでも、それを知ってもらう手段がない。また、都会から離れたこの村に電車で来てくれるか。 ・バスツアー会社と連携すれば、その両方が解決される。ただし、採算は合わないことが想定され、少し長いスパンで村おこしの意義を考えることが必要となる。イベントの企画にはツアー会社にも参加要請。 ・（地元の）バス会社との交渉、都市に住む村の人たちへの協力要請などしてスタートしたら、後は実態を見ながら軌道修正。

氏名	タイトル　“夏”ができたら“春”“秋”のイベント　C	
Ih	背景／理由 里山の恵みは、春にも秋にある。夏のイベントが回りだしたら、春、秋にも拡大。	具体的内容 ・夏のイベントが軌道に乗ったら、春の“苺と筍狩り”、秋の“リンゴ（と柿）狩り、を加えた年３回に拡大したい。 ・この収穫体験に加え、春はレンゲ畑や地蔵尊巡りのピクニック、秋は河原での芋煮会、もちろん村をあげてのおもてなしや村のお土産をつけることは夏イベントと同様。 ・春、夏、秋の３回参加した人や２回以上のリピータ、ツアー参加者を紹介してくれた人には、別途特別のお礼を。

氏名	タイトル　宿泊ツアー向けのイベント　D	
Ti	背景／理由 ツアーにリピータが出てくれば本物。村の良さをさらに知ってもらうことができるのは宿泊ツアー。	具体的内容 ・リピータが出てくればイベント（ツアー）は評価された証。 ・さらに内容を充実させる一方、秋祭りなど村の行事が開催される時に合わせた宿泊ツアーへと発展させる。 ・民宿でのおもてなし、村の伝統文化や日常の暮らし、村の自然など、日本の良さを体験してもらう。評判が上がると外国人の参加も。 ・滞在することによる観光に関わる消費の増大が期待できる。また、観光拡大に伴い村のインフラ整備のきっかけとなる。

【具体的なアイディアの例】

・９月の祭日が含まれる週を中心に、芸術週間を開催する。絵画（写生）教室、写真教室。
  －滝や照葉樹林、各種果樹園、棚田、遠くのアルプスの山なみなどの豊かな自然、観音堂、鐘堂などの史跡があり、村には絵になる場所が多数。

  －キャンプ場、民宿、公民館、村民体育館などの施設を活用して、密度の濃い１泊を想定。村民のおもてなしと帰りには里山の土産など、お得感満載のイベントとする。

  －著名画家、著名写真家による指導・講評。講師を囲んだ夜の団らんはこのイベントの最大の目玉。

  －ネット上での成果発表。数年後には、著名講師たちの競作や展示会。役場には著名講師の作品を常設。

  －講師が作品を制作したビューポイントを村の景観ポイントとして登録。（作品はネットや役場の展示室で見ることができる。これを見て村を訪れる人が増えることを期待）
・８月は小学生を対象にした夏休みイベントを開催。
  －トンボやカブトムシ取り、沢でのＢＢＱ，山登り、ブドウ・梨狩り、（秋の運動会に備え）運動のコツ（速く走る、長く走る、筋力をつける、など）を伝授、スマホを使った写真の撮り方、花火大会、盆踊り、キャンプファイヤー、など（これを全て実施するわけではないが）盛りだくさんのメニュー。

  －２泊または３泊を想定。民宿、テント、公民館などでの合宿。

  －村出身の大学生をチュータとして採用。地元小学生との交流。

  －保護者同伴もあっていい。民宿。村の種々のおもてなしで歓待。里山のお土産。
・１月は外国人向けの「日本のお正月」イベントを開催。
  －お正月の行事：初詣（近くの神社）、御雑煮、御屠蘇・日本酒、おせち料理、（餅つき）　など。
  －お正月の遊び：雪のかまくら、（晴れていれば）凧揚げ、羽根つき、コマ回し、ソリ遊び、など。
  －日本の文化・生活：着物の着付け、お茶や生け花の心・作法、簡単な日本語教室、など。
  －日帰り、または１泊を想定、民宿。メニューは盛りだくさんに用意。おもてなしの心を十分に発揮。ネットでの口コミによる宣伝。

【実践例4】村おこしイベントのキャッチコピー

キャッチコピーは、モノやコトのコンセプトを端的に伝える言葉である。

広告は、人をモノやコトに導くためにある。写真やキャッチコピーを駆使して人の心を掴み、名前を憶えさせ、そのモノやコトのところに連れて行くためのメディアである。だから、モノやコトに名前をつけるネーミング、コンセプトを伝えるキャッチコピーは、モノやコトを広める、需要を創出するための重要なプロセスである。

前述の【実践例3】は、村おこしのための〝イベント〟に関わるアイディアについての事例であった。ここでは、そのイベントのアイディアの一つにある、小学生を対象にした〝夏休みキャンプ〟のキャッチコピーに関するアイディア出しの実践例である。

村の特性を活かしながら、既に多数ある他地域でのイベントとどのような差異化を図るか、それを一言で表現できるかがポイントとなる。

【宣伝会議賞】

（広告表現のアイディアをキャッチフレーズ又はCM企画という形の公募広告賞）

- 子どもが苦手なものは一度揚げてみる。（第54回）
- プリンは人を可愛くする。（第45回）
- ずるいよ。チョコを食べているときに、そんな話をするの。（第44回）
- 耳がカラカラです。電話は、どこですか?（第23回）
- 最初のノドごしをお聞かせください。（第1回）

【実践例4】村おこしイベントのキャッチコピー
〈結果の要約（一部）〉

【概要説明】

・大きな河岸段丘の土地に村はある。村の特産品はイチゴ、タケノコ、梨、桃、リンゴ、ブドウ、柿などの里山の恵み。観光農園があり、夏は渓流沿いのキャンプ場が賑わう。
・四季折々の自然の美しさ、村の行事や特産品などを活用して、この村に相応しいイベントを企画したい。その企画の一つとして８月に小学生を対象にした夏休みキャンプイベントを開催することとした。
　－トンボやカブトムシ取り、沢でのＢＢＱ、山登り、ブドウ・梨狩り、（秋の運動会に備え）運動のコツ（速く走る、長く走る、筋力をつける、など）を伝授、スマホを使った写真の撮り方、花火大会、盆踊り、キャンプファイヤー、など盛りだくさんのメニュー。

　－３泊を民宿、テント、公民館で過ごす。地元小学生との交流もある。

　－村出身の大学生がチュータを務め、村の種々のおもてなしで歓待。帰りには里山のお土産。
・初年度は 30 人募集。この企画のキャッチフレーズを提案して欲しい。

【視点・起点のアイディア】

1．ターゲットである小学生の心を捉まえるキャッチコピー。
2．人集めには親の説得が鍵。親の心に届くキャッチコピーで集客。
3．“夏”の季節を前面に出すキャッチコピー。
4．イベントの“ウリ”は何か。原点に戻り、まずは訴求ポイントを整理。その“ウリ”がキャッチコピー。
5．リアリティのあるキャッチコピーはインパクトがある。具体的な数字を使ってアピール。
6．“希少性”を前面に打ち出し、“早く応募しないと”と思わせるキャッチコピー。
7．“おもてなし”、“パーソナライズ”で楽しさや参加したい気持ちを引き出すキャッチコピー。
8．“認知的不協和の理論”に基づくキャッチコピーは有効。
9．小学生には“好奇心”と“達成感”、親には“お得感”と“安心・安全”をキーにしたキャッチコピー。
10．都会では経験することができない／知らない日本の本来の良さや楽しさをアピール。

【実践例4】村おこしイベントのキャッチコピー
〈記入シートの例：小学生サマーキャンプのキャッチコピー〉

氏名	タイトル	背景／理由	具体的内容	
Ht	小学生に訴求するキャッチコピー	小学生が飛びつくキャッチコピー。都会の小学生には色々な指向がある。	・小学生なら、カブトムシやクワガタでしょう。 ー“君は本物のカブトムシやクワガタを捕まえたことがあるか？” ・秋には運動会。皆速く走りたい。 ー「あのボルトのコツを伝授。秋の運動会で君は英雄！」 ・小学生もスマホを持っている。スマホでいい写真を撮りたい。 ー「君はスマホカメラマン。友達１００人の笑顔を撮ろう」 ・他にも、「４日で生まれ変わるブートキャンプ」	A
Ha	親に訴求するキャッチコピー	“将を射んと欲すれば先ず馬を射よ”、小学生を集めるには親を説得するキャッチコピー。	・親元を離れる子供の“安心・安全”は絶対条件。 ー「村人たちの見守りの中で鍛える４日間、本物の楽しさ、本物の喜び」 ・ＴＶゲームを離れ自然の中で心技体を鍛えて欲しい。 ー「ＷｉＦｉ使えません！体でつかまえる異次元の楽しさ」 ・都会では決して味わうことができない自然や日本の良さを体験。 ー「自然の中で体を澄ませろ、心をころがせ！」 ・他にも、「村で鍛える、村を知る、東京を知る！」	B
Od	“お得感”を謳ったキャッチコピー	小学生が喜ぶ多くのメニューが準備されていて、お得なイベント。これを訴求しない手はない。	・キャンプ、梨狩り、カブトムシ採取、運動やスマホ撮影のコツ、花火、キャンプファイヤーなど、盛りだくさんのメニュー、これが何と○○円。 ー「○○円で叶える君の夢の全て！君は村の夢を見る」 ー「○○円で叶う君の夢！“一瞬の４日！一生の宝”」 ー「“強く、逞しく！”、４日で変身、お父さんお母さんもビックリ！」 ・村を挙げてのおもてなしで歓待。帰りには里山のお土産も。 ー「この４日の村の体験は君を東京に戻れなくするかもしれない」	C
Ms	人集めに効くキャッチコピー	人を集めるために、早く申し込みをしないと定員オーバーになる、というキャッチコピーを作りたい。	・子供の夏休みを充実したものにできるなら何としてでも行かせたい。 ー「子供の夢、親の期待をかなえるサマーキャンプ！即申込みを！」 ー「本当はこんなキャンプに行きたかった！一瞬の決断、一生の宝！」 ー「他では絶対にできません！早いモノ勝ち、逡巡は一生の後悔！」 ー「４日で生まれ変わる子供の成長に投資を！それは今！」 ー「新学期に実感、充実した夏、強くなった夏！申し込みは今ココで」 ー「ゲームより面白い本物の喜び。前とは違う君。変えるのは今！」	D

【具体的なアイディアの例】

・「自然の中で体を澄ませろ、心をころがせ！」。
・「キャンプ冷えています！涼しい自然の中で鍛える心と体」。
・「“強く、逞しく！”を自然の中で楽しみながら」。
・「キャンプを体験したら君の目からはスペシウム光線！」。
・「君は本物のトンボやカブトムシを捕まえたことがあるか？」。
・「トンボやカブトムシが君たちを待っています」。

・「４日で生まれ変わるブートキャンプ、新学期に友達を驚かせよう！」。
・「東京に戻れば君は英雄」。
・「“強く、逞しく！”、お父さんお母さんをビックリさせよう」。
・「運動会が待ち遠しい、ボルトのコツを伝授」。
・「友達に教えてあげよう、すごいスマホ写真術」。

・「この４日の村の体験は君を東京に戻れなくするかもしれない」。
・「一瞬の４日！一生の宝」。
・「体が知る楽しさ、君は村の夢を見る」。
・「４日で得た友人は一生の友となる！」。

・「ＷｉＦｉ使えません！体でつかまえる異次元の楽しさ」。
・「テレビで見たあれを今ここで」。
・「本物の体験、本物の楽しさ、本物の喜び」。

・「お土産もたくさん、自分でもいだ梨やブドウも」。
・「村に行く、村を知る、東京を知る！」

2 外国人の受け入れで町おこし

近年、来日する観光客が増加しており、2016年は、前年比21・8%増の2403万9千人で過去最高を記録した。このまま推移すれば、東京オリンピックが開催される2020年には3千3百万人達すると予測されている。

地方の観光では地域の自然景観や祭り、歴史的遺産、さらには日々の生活習慣などあらゆるモノ、コトが観光の対象となる。地方には、外部の人には未だ知られていない多くの資源が潜在しており、それらの活用は地域おこしに直結する。人口減に悩む地方経済を活性化する切り札の一つが国内外からの観光客だからである。特に急増している外国人観光客への期待は大きい。外から訪れる〝交流人口〟の増加は定住人口の減少を補うという意味でも重要である。

【訪日外国人の統計データ】

訪日外国人総数

日本政府観光局（JNTO）の推計によると、2017年8月の訪日外客数は前年同月比20.9%増の247万8千人で、単月として、過去最高を記録した。8月までの累計値は前年同期を285万人上回り、同17.8%増の1,891万6千人となった。

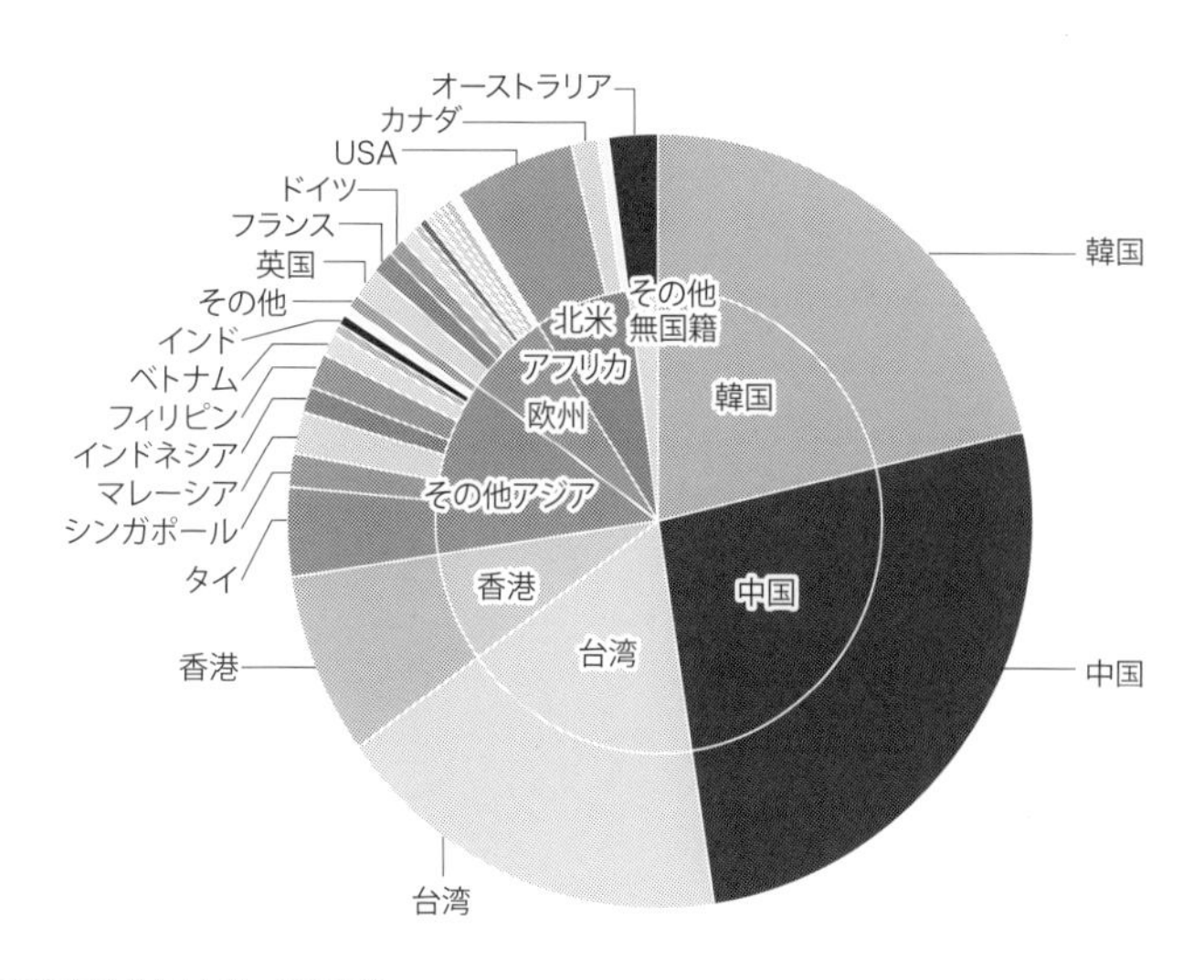

国別訪日外国人数（2016）
（日本政府観光局（JNTO）「訪日外客数」より）

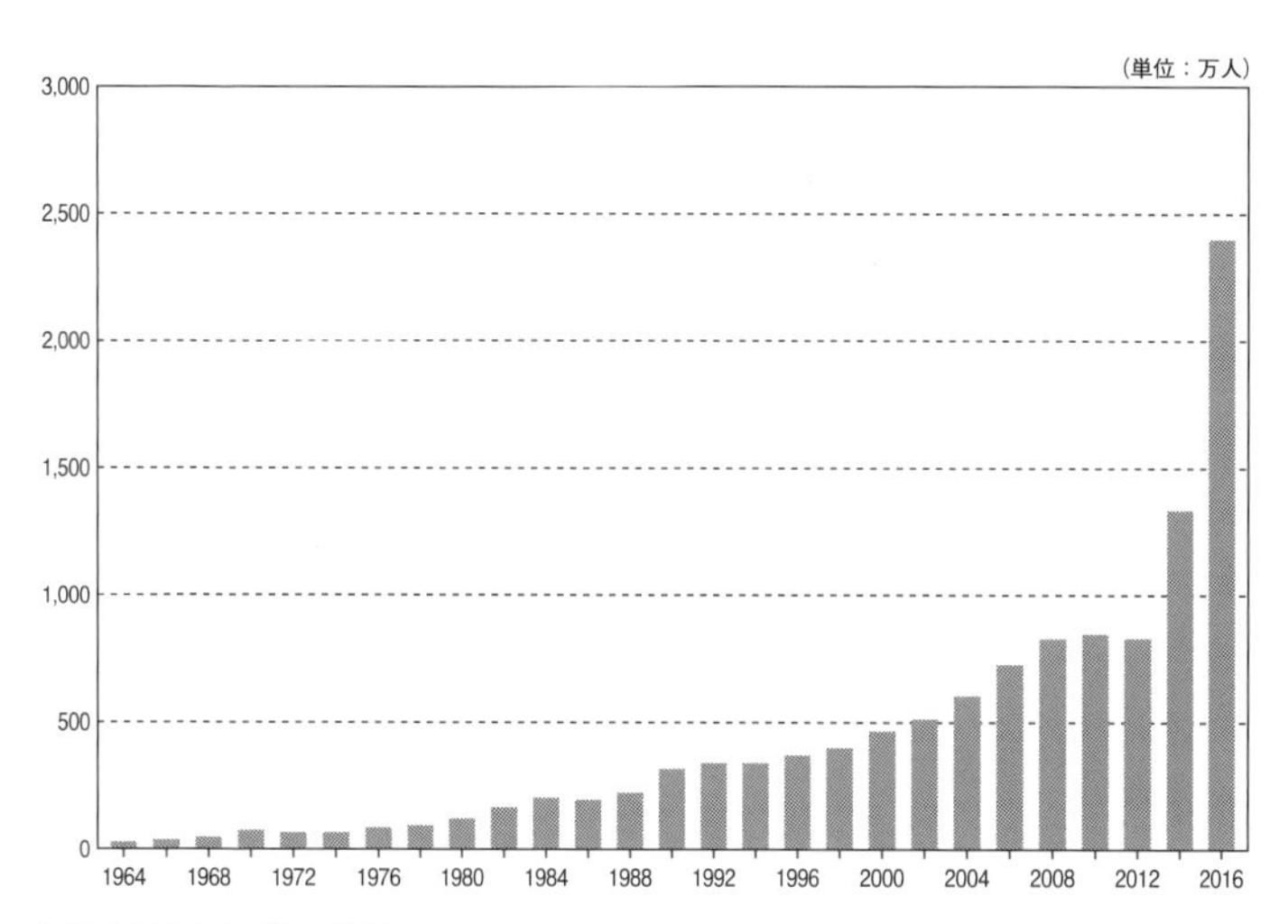

年別訪日外国人数の推移
（日本政府観光局（JNTO）「訪日外客数」より）

【実践例5】外国人に町の〝おもてなし〟

訪日外国人の半数以上が個人旅行でのリピータで、彼らは日本を深く体験したいと望んでいるという。

「どうしたら喜んでもらえるか」を考えて実行することが〝おもてなし〟であり、最上級の心遣いである。自然の景観や祭り、歴史的遺産などを観光資源とし、町や村の日々の生活の中に織り込んだ素朴な心遣いで外国人を〝おもてなし〟する、町おこしに関するアイディアである。

【徳島県三好市の例】

〈主な観光資源〉
大歩危峡、祖谷のかずら橋、落合集落（東祖谷地域の山村の原風景）

〈取り組みの主体／取り組み内容〉
・地域の事業者が結束．2000年に大歩危・祖谷地域にある5つのホテルで「大歩危・祖谷温泉郷いってみる会」を設立し共同で売り込み．
・誘客には、「いってみる会」と行政との連携による海外市場へのトップ・セールス．
・旅行者の滞在長期化に向けて古民家宿泊の提供、コト消費促進に向けては宿泊施設でのラフティングやそば・うどん打ち等を紹介、モノ消費促進には台湾人研修生による中華系旅行者への土産物販売等。

〈訪日外国人による効果〉
・働き口が増え若者が定着。日本人が少ない時期の繁閑差を抑制。
・路線バスの乗降者数が増加。二次交通サービスの維持に貢献。

（日本政府観光局（JNTO）「訪日外国人旅行者の消費動向と ニーズについて －調査結果のまとめと考察－」より）

【実践例5】外国人に町の“おもてなし”
〈結果の要約（一部）〉

【概要説明】

・東京から２時間足らず、自然豊かな山あいの町。ここは昔宿場町として栄えたことから数々の史跡があり、著名人の生家や絵画館、春と夏のお祭り、秋の芸術祭、冬はパウダースノーのスキー場でのスキー大会がある。気候と水に恵まれ、巨峰、胡桃、馬鈴薯、トウモロコシ、そして地ビールが町の特産。温泉もある。
・オリンピックの開催で盛り上がる社会の機運や行政の後押しを背景に、外国人を広く受け入れことで町おこしにつなげたい。今実施しているイベントや祭り、町の施設や特産品を効果的に活用することが鍵。
・オリンピックでは多数の外国人が来日する。東京から少し離れてはいるが、田舎の町の生活を体験してもらい、日本の良さや文化を理解するさまざまな仕掛けを用意して，“おもてなし”で歓待する。
・このプロジェクトでは、現在住んでいる（高齢者が多い）町民だけでなく、他の都市にいる若い人たち(特に町の出身者)の力がなければ実施することが難しい。若い人が参加してくれる仕掛けも必要。
・オリンピック終了後も継続して外国人が来町する仕掛け、日本人観光客が来町する仕掛けも欲しい。

【視点・起点のアイディア】

1．春祭りなど、今行われている各種行事を活用したツアー。
2．温泉や史跡などで日本の文化や歴史を伝える。
3．来町した外国人に、良かったと思ってもらうには、表面的な“おもてなし”だけではなく、土着の歴史の重みを感じてもらう生活習慣を組み込むことが重要。
4．町の良さを見てもらうだけではなく、日本を代表する、お茶や生け花、着物の着付けなどを体験して日本の作法や心を伝えることも外国人には喜ばれる大きなポイント。
5．日本の遊びを体験して日本を知る。凧揚げ、羽根つき、コマ回し、冬はかまくらやソリ遊び。はじめて体験する日本の遊びに子供だけでなく大人も喜ぶ。使った遊び道具はお土産にする。
6．お正月、ひな祭り、端午の節句など、日本のハレの伝統行事を体験して日本を知ってもらう。
7．町の“おもてなし”について町全体で意識や価値観を整理し共有しておくことも大切。
8．外国人を“おもてなし”するための語学研修をどうするか。

【実践例5】外国人に町の“おもてなし”

〈記入シートの例：日本のハレの伝統行事を舞台に“おもてなし”を体験〉

氏名	タイトル “おもてなし”を体験する日本の「お正月」 A	
Kk	背景／理由 四季折々の年中行事は日本人の心の原点。その第一はお正月行事。日本のハレの行事を“おもてなし”の中で体験してもらう。	具体的内容 ・初詣、神様といただくお節料理、お正月遊び、書き初め、などお正月にはイベントが凝縮されている。それらのイベントを“おもてなし”の心でお迎えしながらの日本の土着の文化の奥深さを体験してもらう。 ・都会では体験できない田舎の伝統行事こそが売り。 ・外国人に多い個人で来る人を民宿が受け入れる。 ・期間は年末から年始１０日間程度を想定。 ・雪が珍しい外国人に、かまくらやそり遊びなどもメニューに。
氏名	タイトル “おもてなし”を体験する日本の「ひな祭り」 B	
Sn	背景／理由 愛らしい雛人形と歴史ある街並みで日本をアピール。また、○○町のおもてなしの心に触れてもらう。	具体的内容 ・「寒い中、○○町に来てくれた人をもてなそう」を合言葉に、町を挙げてのひな祭り。１００軒を超える家が雛人形を飾るイベント。数百年前の雛人形から現代のもの、石で作った変わり種まで。 ・ひな祭りの由来を聞きながら、菱餅、雛あられ、鯛や蛤の料理、ちらし寿司、白酒、生菓子の引千切のおもてなし。 ・折り紙雛や簡単な吊るし雛作りの体験、祝寿司などのひな祭りレシピ、生け花や茶道の実演と盛りだくさんのメニューで歓待。
氏名	タイトル “おもてなし”を体験する日本の「端午の節句」 C	
Tn	背景／理由 端午の節句は少し遅い春の幕開けで、町が急に明るくなる。外国人には明るい町の活気を享受しながら日本の文化を体感してもらう。	具体的内容 ・田んぼには町中から集められた鯉のぼりが２連のロープに泳ぐ。町の旧家には鎧兜を展示、など、ＧＷ（５月５日前後）は町が端午の節句一色に。町の広場には、フリマ、地元物産の直売や屋台も出て賑わう。 ・外国人の人には町の賑わいを楽しんでもらうとともに、菖蒲湯に入浴、柏餅と粽（解説付き）、端午の節句にちなんだお祝膳でおもてなし。 ・折り紙兜、凧揚げ、コマ回しなどを体験。それらをお土産に。 ・来町した人に鯉のぼりにサインを書いてもらい泳がせるのはどうか。
氏名	タイトル “おもてなし”を体験する日本の収穫祭「秋祭り」 D	
Hi	背景／理由 どの国にも収穫祭はある。日本の収穫祭である秋祭りで、日本独特の感謝の表し方や、楽しみ方の違いなどを体感してもらう。	具体的内容 ・９月の△△神社の五穀豊穣、家内安全を祈る秋祭り。集落ごとの獅子舞など、それぞれ違った伝統的な舞踊が奉納される。この地方の土着の文化や伝統を体験する場として最高。都会では味わえない感動。 ・祭りの後は地ビールと郷土料理のおもてなし。 ・宮司による祭りの解説。奉納した伝統の踊りの再演。お囃子の体験など。日本文化を深く理解するプログラムで差別化。

【具体的なアイディアの例】

・年間を通じてさまざまなイベントや祭りが開催されている。まずはこのイベントを活用して来町ツアーを企画するのが現実的。１泊を想定。
　－毎年11月に開催される宿場町フェスティバルには歴史衣装を纏った一団が繰り出し、街道には多数の屋台が出る。日本人だけでなく外国人にも十分楽しめる。（１日目）

　－温泉宿に宿泊し、郷土料理、地ビール、日本酒、浴衣、宿のイベントとして餅つきや盆踊り、簡単な日本語教室、子供がいればカルタ遊びやコマ回し、など。

　－２日目は、和服、お茶や生け花の体験、神社や百体観音ツアー、など。

　－メニューはたくさん用意しておき、参加者の要望や状況を見て臨機応変に実施すること、そして精一杯のおもてなしがポイント。回を重ねるごとにノウハウが蓄積され、適切なメニュー項目が絞られる。

　－口コミが大切。参加者の感想やインタビューをできるだけ取りHPなどで公開。
・４月上旬の神社の春の例祭に合わせて来町ツアーを企画する。この時期だとまだ山に雪があるので、雪を見たことがない外国人を想定する。
　－春の例祭はそれほど大きな規模のイベントではないが、外国人招致の目玉として取り上げることから、町としてテコ入れをする。祭事の進行について再考、屋台の出店数の拡大、町民への周知、などについて町全体で受け入れ体制を整備。

　－温泉宿での宿泊、イベント、おもてなし、などは上記と同様。

　－２日目の雪山ツアーでは、ソリ遊び、かまくら、雪合戦などを企画。時間があれば、上記２日目のメニュー項目を実施する。他の留意事項も上記を踏襲。
・８月の市民祭りに合わせて来町ツアーを企画する。踊りを事前に練習し、町の踊り行列に参加する。
　－到着した日は、夕方の本番まで練習。揃いのハッピを着て参加。前後左右は町の有志で囲み先導。

　－郷土のお土産の詰まった物産が参加賞、ハッピなどは記念のお土産、行列の写真、編集したビデオも。

　－温泉で汗を流し、地ビールで乾杯、郷土料理などでおもてなし。

　－２日以降の進行、留意点などは上記と同様。

【実践例6】 ネットを活用した外国人観光客の獲得

東京や関西など主要な観光スポットを巡る旅路、いわゆる「ゴールデンルート」に関する外国人向けの情報は、行政の観光局や大手の観光会社などから多量に発信されている。しかし、地方の情報はほとんどなく、また入手する手段も整備されていない。地方に外国人観光客を呼び込むためには、いかにして外国人に届く情報を発信できるかにかかっている。また、来訪した外国人が困らないようにネットを活用した支援も重要である。第6の実践例はネットの活用に関わるアイディアである。

【訪日外国人の情報収集】

- 情報手段として多く用いられているのは、台湾、韓国、中国、香港では「スマートフォン」、米国は「パソコン」。
- 滞在中の情報として、「無料 Wi - Fi」が最も必要。次いで「交通手段」。

日本滞在中に役に立った旅行情報源（複数回答）

（単位：％）	台湾	韓国	中国	香港	米国
インターネット（スマートフォン）	57	53	79	56	42
インターネット（パソコン）	30	17	26	33	46
宿泊施設	20	8	10	20	14
空港の観光案内所	20	7	11	22	13
観光案内所（空港を除く）	19	10	12	16	15
日本在住の親族・知人	9	12	16	5	41
旅行ガイドブック（有料）	6	7	6	8	12
フリーペーパー（無料）	3	9	3	3	4
その他	4	2	7	3	4
特になし	10	20	22	14	9

日本滞在中に役にあると便利だと思った情報（複数回答）

（単位：％）	台湾	韓国	中国	香港	米国
無線 Wi-Fi	59	41	52	61	33
交通手段	57	22	47	54	55
宿泊施設	37	15	28	35	16
飲食店	33	14	38	34	46
観光施設	33	7	23	35	14
買物場所	31	8	43	30	14
イベント	18	3	10	12	12
土産物	17	4	18	13	8
両替所	5	3	5	4	9
現地ツアー	4	3	3	3	3
ATM	3	3	8	4	18
宅配便	3	1	3	2	2
その他	1	4	1	1	3
祈祷室	0	0	1	0	0
特になし	8	27	14	7	15

（JTB 総合研究所報告による）

【実践例6】ネットを活用した外国人観光客の獲得
〈結果の要約（一部）〉

【概要説明】

・オリンピック開催の機会を捉え、町の物産やイベントを活かして広く外国人を受け入れ、町おこしにつなげたい。課題は多々あるが、その中でここで取り上げるテーマは、ネットを活用して外国人にわが町の素晴らしさや魅力をどのように伝え来町してもらうかである。
・物産やイベントの周知、イベントへの参加、宿泊申し込み、町に来るまでの交通手段や気候案内、町内の交通案内、史跡などの案内、物産の取り寄せ・購入手続きなど、外国人が入手する情報はほとんどすべてがネットを経由して得ることができるはず。次のステップではネットを活用するために必要な設備や人的リソースなどの具体案、見積もりや、官のみ、民のみ、半官半民で運営する場合の相互比較を予定。
・スモールスタートで始め、３年で軌道に乗せたい。具体的な実施のステップ（優先順位）、ボランティアやアウトソーシング活用法などの知恵も欲しい。
・来町した外国人による口コミの活用の他、ネットならではのアイディアに期待。

【視点・起点のアイディア】

1. 第一に必要なのは外国語版ＨＰ（多言語が望ましいがまずは英語から）。外国の観光客の視点から考えると、史跡やハレの行事、風習そして交通情報。宿泊施設の予約ができるようにＥメールの窓口、ＤＬできる英語版地図。外国で人気のある英語検索サイトの上位に出てくるようにする工夫も重要。
2. 余りお金をかけずに運用可能な、ブログ形式のオウンドメディアとその更新情報を配信するＳＮＳがシステムとしてはよい。ただし、外国語で常時発信できる人材を確保できるかが課題。
3. 行政のシステムを活用しない手はない。「観光クラウド」（総務省）をどのように活用するか、青森県などの先行例を参考にしながら、他地域との競争（差別化）、協調（相乗効果）の方策を考える。。
4. クラウドファンディングで広報と（多くは取れないが）資金調達。外国人向け年会費（年貢）制度を作り、町民にして囲い込む。グローバルな視点で関係人口を増やすことが町の活性化につながる。
5. ネットで見つけた「行ってみたい場所」「お気に入りの場所」などを位置情報と一緒に記録し、登録場所に近づくと通知が来る“tab”を利用した情報発信。さらに、近距離通信のできる“Beacon 技術 ”を使えば史跡や物産館でスマホと連動させて館内の外国語案内をすることが可能になる。

【実践例6】ネットを活用した外国人観光客の獲得
〈記入シートの例：個人客、あるいは少人数のグループFITをターゲット〉

ＦＩＴ：Foreign Independent Tourist

氏名	タイトル	背景／理由	具体的内容	
Hk	ネットによるＦＩＴをターゲットにした誘客	欧米豪からの観光客は大部分が個人客、あるいは少人数のグループ（ＦＩＴ）。適切な情報をネットで配信すること。	・団体ツアーは一定の規模のホテルや旅館に受入れが限定。ＦＩＴは適切な情報を提供すれば、有名な観光地がないような地域にも入り込み、小さな民宿に泊まり日本の土着文化を楽しむ事例が多数ある。 ・外国人が来ると日本人の誘客にもつながるという良循環が生まれる。 ・ＦＩＴは連泊の可能性が高く、客単価は日本人の２倍。 ・ＦＩＴの誘客には、適切な情報発信と、ネガティブな口コミが広がらないための情報収集・管理が重要。	A
Mt	ネイティブ・スタッフの配置によるＦＩＴの受け入れ体制の構築	外国人目線での情報提供。外国人の発信する情報収集には外国人スタッフが不可欠。	・ＦＩＴの満足度を高めるためには、情報発信する時、ターゲットとする外国人の目線でその地域の魅力を英語等で伝えることが必要。 ・ネガティブな口コミが広がらないよう、不満や苦情を広く収集し、外国人の目線でそれを解決し、同じことを繰り返さないよう改善していくことが必要。この両輪を回すために外国人スタッフを雇用すること。 ・インターネットを活用する外国人旅行者に対する現行の情報提供に加え、地域で雇用する外国人スタッフを活用してＦＩＴを誘客。	B
Ym	ＷｉＦｉを整備し必要な情報を提供	旅行中のＦＩＴが情報を入手するには、ネット環境の整備・充実が必要。	・ＦＩＴの入手する情報の大半はネット経由。まずは駅、観光案内所、著名な観光地などを中心に無料ＷｉＦｉを整備すること。 ・街の回遊性を高め外国人や観光客を誘引して地域全体を活性化。 ・無料ＷｉＦｉを整備し、訪日外国人がＳＮＳ等で訪問地を紹介する機会を増やして誘客を促進。 ・ＷｉＦｉを測位に活用し、位置を把握することにより、リアルタイムで情報提供することも可能。	C
Ta	拡散速度の速い“口コミ”を活用した誘客	既存の公的情報より有効な、口コミを活用する。	・理想的には外国人がサービスや訪問地に満足し、感動や驚きや喜びをすぐにＳＮＳやブログなどに書き込んでできる「自然発生的」な口コミの活用。ＳＮＳ映えするポイントも作りたい。 ・地域で雇用する外国人スタッフによる発信。サービスなどを気に入ってくれたＦＩＴには発信することを依頼してもよい。 ・お店などのホームページアドレスなども一緒に投稿する場合がある。公式サイトのアドレスを店内に外国語で案内掲示、ＨＰの外国語化。	D

【具体的なアイディアの例】

- ＨＰは外国に開かれた情報の入り口。いかにして外国人の琴線に触れる魅力的なＨＰを作れるかが鍵。
  - －特産物や観光農園、レジャースポーツ、各地域の祭り、宿泊施設などの案内は農協や各個別組織が作るが、全体のシステム作りや管理などは町が主管。外国人目線でのＨＰ作りについては外の支援を仰ぐ。
  - －まずはひな形を示し作り方を指導。評価の高いＨＰについての勉強会、来町する外国人による評価の聞き取り、常に新しいＨＰ技術を導入、など徐々にレベルアップ。併せて担当者の英語力のアップを図る。
  - －ＨＰは一度作れば終りではない。季節ごと、イベントごとの更新はマスト。ボランティアの参加が理想。
  - －ネットを使って町の情報を世界に発信するというのであれば、町民一人一人のコンピュータ／ネットワークリテラシーを高めることが必要。魅力的なＨＰを作るためには、年間を通じて写真や動画などを集めなければならないので、町民総てがＨＰ作りに関与する取り組みが必要。
- いきなり多くの外国人が来町するわけではない。初めは（少なくてもよいから）コアとなる外国人を開拓することが肝要。そこでは広報と資金調達という二面性を具えたクラウドファンディングを活用する。
  - －伝統的な祭りなどの村の行事、田舎の独特な生活体験イベント、さらに特産物やおもてなしなどに興味を持ち共感してくれるコアとなる外国人は必ずいるはず。町の出身者のコネを使ってもいい。
  - －（わずかな）年貢（年会費）を事前に支払ってもらい、町民として登録する。年貢を納めているのでリピーターになる確率が高まる。また町民ゆえ口コミで情報を発信してくれることも期待。
  - －コアとなる外国人が確保できれば、そこを起点としたさまざまな展開が可能。
- “tab” を使ってきめ細かなサービスを提供する。
  - －まだ広く認知されているアプリとは言い難いが、事前に行きたいところの情報をネットで検索しブックマーク。ＨＰを作る時に、tab アプリを意識した作りにしておくことが大切。次々に生まれてくるアプリ対応でネット関連のシステムを更改するなど、フットワークの良さがネットの有用性を高めるポイント。
  - －お勧めスポットを位置情報とともに登録。それが土産物店だと、近くに来たとき割引や特典の情報が送られて来る。Beacon もあるので、例えば、手に取った商品の外国語による説明がスマホに表示される。

【実践例7】町ぐるみで行う外国語（英語）の習得

外国人を受け入れるには、その地域全体で受け入れの準備ができていなければならない。その準備の第一は、〝言葉〟である。地域挙げての〝おもてなし〟の心を来訪者に届けるための手段として、地域を挙げて言葉の習得に向けた取り組みが不可欠である。第7の実践例は、町ぐるみで外国語を習得するためのアイディアである。

【翻訳タブレットで「おもてなし」！】

岡山県警察では、2015年8月、日本語と外国語の会話を相互に自動翻訳して画面に表示したり音声を流すことができる音声翻訳アプリ（Voice Tra）等を搭載したタブレット端末を県内15の交番等に配備しました。このタブレット端末は約30の言語に対応することができ、外国人観光客の方などに安心して岡山に滞在していただけるよう、道案内や相談に活用されているそうで、2020年東京五輪・パラリンピックを見据え、警察庁は全国の交番で外国人観光客向けのサービスを拡充するとのこと。

（2020年オリンピック・パラリンピックに向けた多言語対応協議会ポータルサイトより）

【実践例7】町ぐるみで行う外国語（英語）の習得
〈結果の要約（一部）〉

【概要説明】

・この町は東京から飛行機で１時間１０分余り。歴史、名峰、温泉、祭り、充実した宿泊施設があるが、観光客のほとんど総ては日本人でその数も頭打ちの状態にある。町の資源を活かしながら外国人観光客を呼び込み、町の経済を活性化して希望のある町にしたい。
・オリンピック開催の機会を捉え、外国人の受け入れを町として本格的に取り組む。課題は多々ある。その中で、ここで取り上げるテーマは、外国人を受け入れるために不可欠なコミュニケーション能力（語学力）を町全体としてどのようにして高めるかである。
・町民はさまざまであり、外国語の習得は容易ではないが、全町民がそれぞれの語学レベルでおもてなしすることができればよいと考えている。また、多くの国の外国人を受け入れるには、いろいろな外国語が必要となる。ここではまずは英語についてどのようにして習得すればよいかについてのアイディアが欲しい。
・町全体として外国語化が進んで来たら、将来、自然環境や町の理念などが共通していたり、歴史的につながりのある外国の町と姉妹協定を結ぶことも視野に入れている。

【視点・起点のアイディア】

1．いつでも英語に触れることができる場、英語習得の拠点として「英語の館（やかた）」を作る。大学や自治体などでの実施例を参考にしながら、この町に相応しい国際（英語）化を進める。
2．町全体の英語環境の整備。看板、チラシ、ＨＰの英語化など。これだけでも作業量は膨大。優先順位を決めて早急に着手。英語に長けた人が不可欠だが、ボランティアをいかにして活用するかが鍵。
3．国際化に意欲のある土産物屋、飲食店、宿屋、ガイドをピックアップしてまず育成。目標を見せることで町民それぞれが、自分の目指すべき英語習得のレベルを見出して学習することが重要。「いらっしゃいませ」「またね」などの基本的な挨拶だけでもよい。
4．宿泊施設、ガイド、飲食店など、業種ごとに英語の勉強会。テキストは外国人観光客を既に受け入れている町や観光地の資料をたたき台にして作る。
5．町の小中学校では英語教育を重点的に取り入れる。大人より子供の方が習得は早い。
6．このプロジェクトを牽引するキーマンをどのように見つけるか、そしてそれをサポートするボランティアの量・質が最大のポイント。
7．町として、ヒト・モノ・カネのリソースをどれだけ準備し、長期間支援できるかが成否を分ける。リソースを確保するための仕掛け（例えば、ふるさと納税の活用、学生ボランティア募集など）が必要。

【実践例7】町ぐるみで行う外国語（英語）の習得

〈記入シート の例：英語を重点的に取り入れた町の小中学校教育〉

氏名	タイトル		記号
Od	町の皆がバイリンガル　“一言英語が話せます”教育		A
	背景／理由	**具体的内容**	
	外国人を受け入れて町おこしをするなら町民がそれぞれのレベルで英語を話すこと。小中学校の教育には英語を重点化。	・小学生の早い段階から簡単な日常英語を聞く、話すを中心にした授業。「英語って楽しい」「英語が話せたらカッコいい」と思わせること。 ・低学年ではリズム遊びや英語の歌、町で採れる果実や作物を英語で。 ・高学年では、“○○（町の名前）パスポート”を持ち、自己紹介の練習。 ・小学校は「聞くこと」「話すこと」、中学校は「書くこと」「読むこと」。英語で町を紹介することは町を知るきっかけともなる。 ・“町の皆がバイリンガル；一言英語が話せます”をスローガンに。	
Ok	すべての基盤は国語力、英語との相乗効果で双方を高める教育		B
	背景／理由	**具体的内容**	
	英語と言う前に国語力が大切。外国語を導入することで相乗効果が生まれ、双方がアップする教育が求められる。	・国語は、学校教育のあらゆる教科や様々な学問の基盤。 ・国語力と外国語能力の相乗効果によるコミュニケーション能力の育成。 －外国語の単語や表現にふれることで、ものごとのとらえ方やその表現の仕方が違うことに気付くなど、外国語の運用能力と国語の運用能力の双方が向上する学習効果への期待。 ・“英語を学ぶ、英語を知る、日本語を知る。”でもよい。	
Kh	町の一角に総てが英語の館（やかた）“○○番外地”での教育		C
	背景／理由	**具体的内容**	
	英語の学習では、いつも英語に触れられる場所が必要。そこに行けばいつも総てが英語という英語村はすでにある。それを参考に。	・町の人がいつでも英語に触れることができる英語の館“○○番外地”を作る。外国人ツーリストの案内所も兼ねる。 ・英語のイベント、英語による町の紹介の仕方、英語に触れるためのインターネットの使い方の企画や運営など、町の英語化の基地。 ・町で雇用した外国人が主人。 ・カフェなども併設。注文ももちろん英語。 ・夏休みなどには、帰郷した学生たちによる英語キャンプなども。	
Ka	町のあらゆるものを英語表記　“語彙力強化”プログラム		D
	背景／理由	**具体的内容**	
	日常、目に触れるモノの総てに英語表記があれば、知らず知らずに語彙は増える。	・身近にあるモノの英語は意外と知らない。ＨＰやパンフレットの英語化を進める一方で、何にでも英語表記を付けて皆の語彙を増やしたい。 ・目にするものを英語で言えるようになると、道案内などの時に使える。 ・小学生の方が早く覚える。学校では毎日皆で英語を大声で斉唱。 ・まずは単語から。次に「ありがとう」「こんにちは」と徐々に長いフレーズに。 ・特産物や史跡に関わる英語を集めた町の英語辞典もいずれは整備。	

【具体的なアイディアの例】

・空き家を町で買い取り「英語の館」にする。この館の中では英語のみがコミュニケーション言語で、町民ならいつでも中に入って英語を使うことができる。
　－中心となる日本人の館長、ネイティブの副館長は町で採用。町民の英語教育のグランドデザイン・カリキュラム、館の管理運営、英語の教師、ボランティアなどの募集などは原則、二人の長が仕切るが、採用時の契約には解職・解雇規定や行政上の制約などを明定しておくこと。

　－簡単なカフェなども併設。注文はもちろん英語のみ。外国人観光客の情報ステーションでもある。

　－小学生を対象にした果物の英語名を当てるクイズ、中学生を対象にした学校生活の説明、大人を対象にした史跡や道の案内、などのトッピクスの他、いろいろなイベントを常時企画。町民が少しでも英語に触れ、自分の英語レベルを少しづつ引き上げるための仕掛けを用意する。

　－英語の館が総てではない。館に来ない人にどうやって英語を一言でも話すように仕向けるかが重要。
・町にある標識や地図、公共施設の看板、史跡の案内板など全てを日本語と英語の二重表記にすることは重要。このことによって、町の景観が変わり町民の英語に対する積極的な取り組み姿勢が醸成される。
　－英語への翻訳は、ネットで募るボランティアを活用。ただし、翻訳された英文は別途チェックが必要。

　－パンフレットなどは英語のＨＰなどとも共通しているが、外国人の目線で内容や構成を見直し、より彼らの心に届くよう、これを機会に改定する。

　－小中学校では、構内にあるすべてのモノに英語を表記して単語数を増やすなどの工夫をする。
・外国人の受け入れに特に積極的な土産物屋、飲食店、宿屋をひな形として集中的に育成する。その過程で得られたノウハウをテキストなどに活かし、より効果的な方法で商業施設向けに英語教育を拡大。
・道案内や史跡の説明などのできるボランティアの育成が町の国際化に不可欠。イベントの開催時にはこの町を出て都市に居る大学生などの協力を得ることも一案である。

3　新商品の開発・コンセプト

商品開発には「何を創るか」「どう作るか」そして「どう売るか」の3つの側面がある。「何を創るか」は個人依存度が高く、「どう作るか」は組織的な取り組みとなる。3つ目の「どう売るか」はビジネスモデル、儲けの仕組みで、商品開発の成否はここに帰着する。

実践例は、開発する商品についてのアイディア・コンセプトについての提案である。すなわち、「何を創るか」「どう作るか」に力点が置かれている。したがって、「どう売るか」は次のステップと認識してる。

コンセプトはそれ自体に意味はない。実際にお客様がその商品を手にして初めて価値が生まれる。コンセプトは、お客様がその商品を手に入れる理由／手に入れることによって得られる価値だからである。

売れる商品にはグランドコンセプトがある。それは、ユニーク性があり、「そうそうこんな商品が欲しかったんだ」と皆が口には出さないが、思っていること、すなわち、サイレントマジョリティを代弁するもの、そして、自社の強みに共鳴するものであろう。

【衰退傾向にあった伝統産業を新たな利用方法を通じて再興した成功例】

<table>
<tr><td colspan="2">事例名称</td><td>株式会社能作</td></tr>
<tr><td colspan="2">取組地域</td><td>富山県高岡市</td></tr>
<tr><td colspan="2">全体概要</td><td>右肩下がりだった銅器製造業界において、素材とデザインをキーワードに、錫を使った柔軟性のある金属製品を開発し、日本各地のみならず世界各地へ販売</td></tr>
<tr><td colspan="2">特徴的
取組・成果</td><td>○「地域発のグローバルトップクラス技術」による商品開発
・銅製の仏具から発想を変え、高度な鋳造技術を利用した錫100%の食器等を開発、販売してヒット
○地域資源の価値を高める地域ブランディングの確立
・全国各地の都市にあるデパート等にて商品展開
・海外にも富山県、高岡ブランドとして商品を発信
(平成14年から27年の間に約8億円の売り上げ上昇)
○産業観光の取組ー『見る』から『来る』
・東京など都市部で直営店展開、東京で木型や鋳物砂の展示を行い、都市部で高岡銅器や鋳物の魅力を知っていただく「能作展」を開催
・製品を気に入った人が会社見学やワークショップに来ることができる体制つくり、会社と地域のファンを増やす
・富山県・高岡市の観光地もあわせてPR</td></tr>
<tr><td>取組の工夫等</td><td>その他</td><td>○素材の特性に着目した新たな製品開発
○市場（バイヤー、店員等）の意見を重視した商品開発
○地方から海外展開
○伝統産業の市場からの販路開拓</td></tr>
</table>

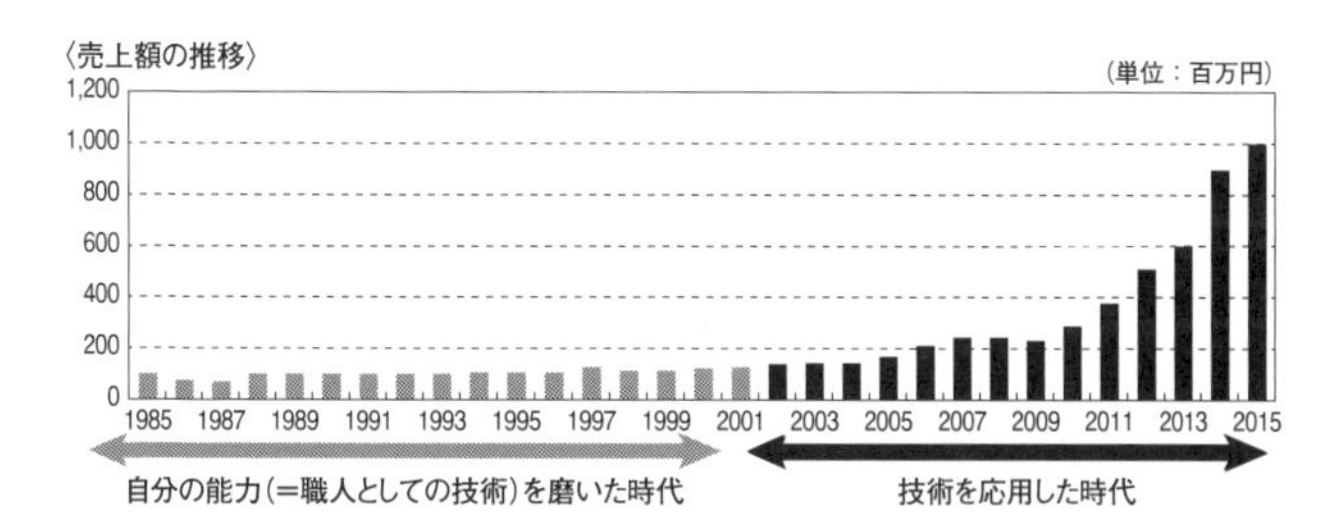

欧米向け食器

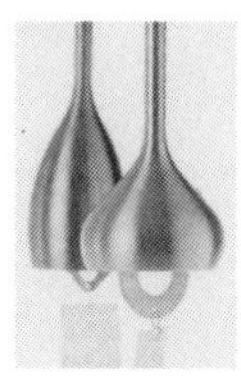
風鈴

（経済産業省「ものづくり／情報／流通・サービス」より）

【実践例8】飲料水：新商品のアイディア

飲料水市場はすでに飽和状態にあると言われているが、それでも毎年多くの新商品が開発されている。

企業を代表する不変のロングセラーは存在するが、消費者の好みや、天候、社会情勢・トレンドは絶えず変化している。それを先取りする形で新製品を投入することは企業の発展に不可欠である。

第8の実践例は、多様な視点での飲料水の新商品提案である。

【清涼飲料水品目別生産量推移（1997年～2016年）】

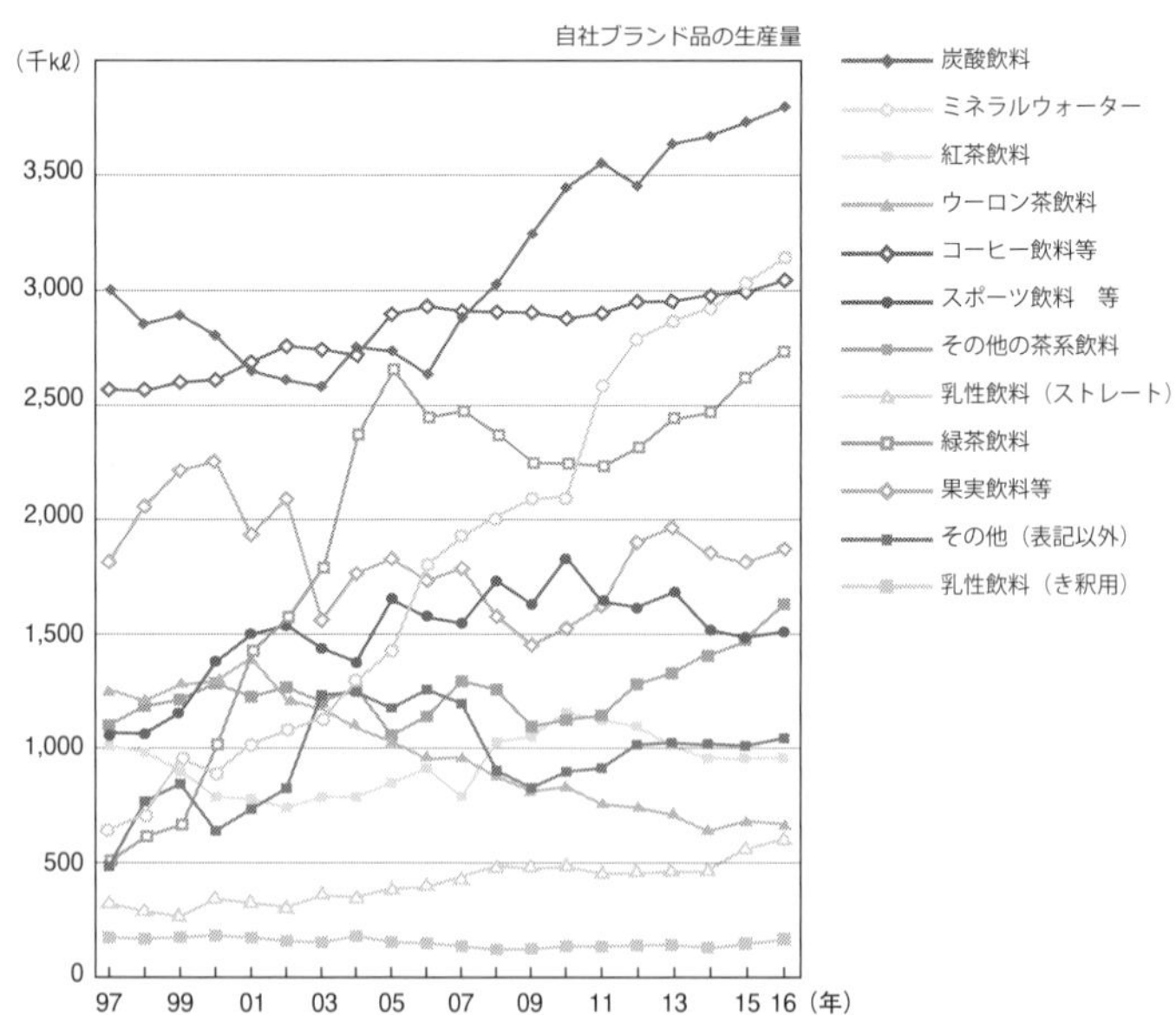

（全国清涼飲料連合会による）

【実践例8】飲料水：新商品のアイディア
〈結果の要約（一部）〉

【概要説明】

・当社は新規事業として（清涼）飲料水事業に乗り出すことを考えている。この分野はすでに大手企業の寡占状態にあるが、飲料水は人間が生きるために不可欠であり、毎年多くの新製品が登場していることや、その地方でしか知られていないロングセラー製品があることは、底堅い市場のある証である。
・飲料水の市場は千三つ。大手各社は自社のノウハウが詰まった新商品開発の手法を駆使して三つを目指す。「誰も飲んだことがない飲み物を作る」「ニッチはつまらない、大きい市場、伸びる市場を狙う」「ヒットではなくホームランを」「隠れたベストセラー、地域ブランドも侮れない」など、立場によってさまざまな言葉が飛び交うが、ここでは千の新商品に関するアイディアの提案を広く求める。飛んでるものも可。
・新製品を開発するにあたり、どのような開発の視点があるのかを整理することができればそれもこの提案の成果と考えている。
・新商品に合わせたロゴやキャッチフレーズなどもあれば歓迎する。

【視点・起点のアイディア】

1．飲料水は渇きを癒すのではない。「心」を癒す、「心」きれいにする、「心」落ち着ける、など。
2．飲料水は日常誰もが口にするものであるがゆえに「エコ」の視点は訴求力がある。
3．飲料水の核となるのは「色」「香り」「味」「食感」。
4．指向性・効用：「健康・元気」「美容」「リラックス・リフレッシュ」「疲労回復」「覚醒」など。
5．「サイズ」「形状」「製法」で差異化。
6．「価格」「コスパ」と「ネーミング」は消費者目線のキー。
7．消費する場面や状況：「季節：春夏秋冬」「スポーツ・観劇、食事など」「時間帯：朝・昼・夜、ｏｎ／ｏｆｆ時、通勤時・仕事時・帰宅時」、「消費エリア」「音楽や環境音」。
8．ターゲットとする主要な「年齢層」。
9．組み合わせ・融合：「和モダン」「異業種とのタイアップ」「異国飲料とのタイアップ」
10．「ペット」飲料も市場はそれなりにある。

【実践例8】飲料水：新商品のアイディア

〈記入シートの例：飲料水の核となるのは「色」「香り」「味」「食感」〉

氏名	タイトル　飲料水の決めては“色”		A
It	背景／理由	具体的内容	
	外から見えるのは、ペットボトルなら飲料水の色、缶なら外側のラベル。この色こそ勝敗を決める。	・色は一瞬にして飲料水の持つ意味を伝える。このスピードが色の意義。 ・飲料水は渇きを癒すのではない。「心」を癒す，きれいにする，落ち着けるなど、メタレベルを訴求すべき。 ・メタレベルをブレイクダウンしたのが「健康・元気」「美容」「リラックス・リフレッシュ」「疲労回復」「覚醒」などの指向性・効用。 ・まず指向性や効用に対応する色を決める。“白”と“金”はキーとなる色。色は外側のパッケージで、というのもあり。	

氏名	タイトル　“香り”で勝負！		B
Oo	背景／理由	具体的内容	
	今までの飲料水では香りが全面に出ていない。でも、口に入る前にはまず香りを味わうはず。これで勝負できないか。	・アロマテラピーがあるように、香りは「心」を癒す，きれいにする，落ち着ける効果がある。 ・紅茶には香りをウリにする多くの種類がある。まずは手始めにこの辺りから着手。香の持つ意味、効用を消費者にどこまで訴求できるか。 ・集中力を高める香り、頭を明晰にさせる香りはどうか。だからと言って薬臭くないこと。微香ながら内側から効いてくるのがよい。 ・新しい原料を使うと一般に広まるまで時間を要する。短縮策はあるか。	

氏名	タイトル　やっぱり“味”でしょう！		C
Km	背景／理由	具体的内容	
	色、香りの視点は面白いが、やっぱり王道は“味”。味で新しい視点は無いか。	・あの“水”にも味がある。水以外の飲料水なら味の差は歴然。 ・先味（口に入れた瞬間の味）と後味（飲み込んだ後に広がる味）を活用した２度美味しい飲料水は作れないか。 ・飲料水の中に柔らかいマイクロカプセルがあり、飲料水だけど噛むとまた味が異なる美味しい味が（ここが重要）出てくると面白い。 ・「心」を癒す味，きれいにする味，落ち着ける味というのは作れないか。メタレベルにまで遡った味の設計があってもよい。	

氏名	タイトル　“味”があるなら飲料水でも“食感”を売りに		D
Sh	背景／理由	具体的内容	
	ツブツブが入っている飲料水はあるが、主流にはなっていない。料理では食感を大事にするように、飲料水で食感を基軸にした開発はどうか。	・五感を思いっきり使って感動を与える飲料水があっていい。「いただきます」と言って飲む飲料水があってもいい。喜びや楽しさを感じて体に記憶が残る飲料水はできないか。 ・そのヒントは多成分不均質構造の形成と破壊プロセスにある。 ・食感を謳う飲料水ならオノマトペ（擬音語、擬態語）を使った名称が効用をうまく表現できる。 ・ゴールは食感と味と香りのバランスが取れた飲料水をつくること。	

【具体的なアイディアの例】

・場面や状況で飲みたいものは変わる。
　－フレーバーウォータのフレーバーの強度を３段階に。好きなフレーバーもＴＰＯの合わせて強度を選択。

　－スポーツ観戦では試合の状況によって飲みたいものも変わる。三つの飲料水を合体させて一つにしたトリボトル。色々な三つの組み合わせがあるとなお面白い。

　－眠気を覚ます頭を突き抜ける“強炭酸”、しばらくたって炭酸が抜ける度合いに応じて別の美味しい味に変る飲料水はできないか。
・携帯する飲料水ではボトルの形状は極めて重要。
　－持っているとカッコいいファッションになるような形状。例えば化粧品の容器を参考に。

　－化粧品メーカとタイアップし、容器だけでなく“うるおい”“美白”“痩身”などの美容にも効く飲料水を開発する。

　－たっぷり飲みたいちょっと大きめボトル、でも価格は据え置き。飲みきりタイプに小さいボトル、価格は安く、でコスパを強調する商品開発。

　－ボトルはもっと薄くしてほしい。鞄やバッグを膨らませない薄角型ボトル。

　－手の小さな子供に握りやすい窪みのあるボトル。窪みがキャラクタのポケットなど意味を持たせるとなお面白い。片手で握るだけでなく、両手で握る、というのもボトルの大きさによってはあり。
・美味しさは当然。“効用（指向性）”で売りたい。
　－飲料水はこれまで虫歯の元凶と言われてきた。飲むと「歯が強くなる」飲料水。

　－○○（例えば、ウエハス、ビスケットなど）と飲料水、△△（例えば肉など）と飲料水など、組み合わせで効用を謳う飲料水。「頭の良くなる飲料水」「ボケ防止の飲料水」「痩せる飲料水」など。

　－モーツァルトの愛飲水を謳う「クラシック愛好家向け飲料水」、コルトレーンの愛飲水を謳う「ジャズ愛好家向け飲料水」、レノンの愛飲水を謳う「ビートルズ愛好家向け飲料水」など。
・ペットフードが大きな市場なら、ペット飲料も大きな市場となる可能性がある。
　－肥満、糖尿病、などペットの生活習慣病に効く「ペット飲料水」。

【実践例9】〝ディープ〟なレストラン

「レストランが提供する商品やサービス」がアイディア、そこから一歩踏み込んで、「お客様が実際にレストランを訪れたくなる理由」がコンセプトである。このアイディアとコンセプトで、レストランの価値を訴求し、お客様の共感と信頼を得てレストランは発展する。

住宅街や街の裏通りなどに立地するレストランであれば、ディープな個性を追求したコンセプトでレストランの魅力を際立たせ、他店と差別化してお客様を呼び込む。

第9の実践例は、ディープな個性を念頭に置いた、レストランのコンセプト提案である。

【地域の料理】

横手やきそば（B級グルメ）秋田県

戦後（1950年頃）、「元祖神谷焼きそば屋」の店主であった萩原安治が、地元の製麺業者と協力しながら作り上げたのが始まり。1965年頃には、駄菓子屋などでも売られるようになった（ピーク時は100店以上に）。

この地元で愛され育まれてきた横手やきそばは、2001年に、やきそば好きの横手市男性職員の一人が、やきそば提供店を食べ歩きをしてウェブページを作り、これがマスコミに取り上げられ第1次ブームとも呼ばれる。これを機に横手やきそばを利用した町おこしが始まる。以後、横手市では、横手やきそば担当という新たなセクションを産業振興・観光セクションに設け、この市職員を初代・横手やきそば担当とした（現在5代目）。この年に市内のやきそば提供店が中心となって「横手やきそば暖簾会」を設立。2008年には、地域団体商標申請も視野に入れ協同組合化も実現し、第2次ブームを迎えた現在、協同組合横手やきそば暖簾会は42店舗）。スーパーマーケット向け商品の開発や販売促進、「B-1グランプリ」をはじめとしたグルメイベントへの出店などでPR活動を続けている。また東北6県限定で、ブルドックソースから地元と共同開発した横手やきそば用のソースが発売されている。

（横手やきそば暖簾会HPより）

【実践例9】“ ディープ ” な レストラン
〈結果の要約（一部）〉

【概要説明】

・都市の郊外にある住宅地の中にある一軒家を改造して、ありそうでなかったディープな趣味のオンリー・ワンの店（レストラン）を作りたい。
・趣味を柱にすることから、（初めから千客万来を期待するのではなく）情報を発信し続けることで、コアな顧客を徐々に獲得する。一般の人が主たる対象ではない。趣味に関連する収集やさまざまな知識、体験を背景に持つ大人が顧客対象である。
・年を追うごとに店も顧客も成長し続けるシステムを組み込みたい。まず、顧客との確かなネットワークを形成して店の成長につなげる。訪れる顧客に共感を呼ぶような、趣味に関連した食事メニュー、店の演出、提供する情報やイベントで顧客自身の趣味へのこだわりを深めたい。
・ディープと言われる趣味はたくさん存在する。鉄道、写真、音楽、文学、文房具、スポーツ、キャラクタ、趣味ではないが仕事で深く関わった思い出の都市など。それらを核にした店は既にあるが、さらにディープにしたり、切り口を変えることでもオンリー・ワンを作ることは可能であろう。
・“ ディープ ”“ オンリー・ワン ” をキー・ワードとする店（レストラン）のアイディアを提案して欲しい。

【視点・起点のアイディア】

1．ディープな趣味の筆頭は “ 鉄ちゃん ”。乗り鉄、撮り鉄、録り鉄、時刻表に乗る人もいる。ジオラマがあり列車が走り回る店がほとんどである。ディープな趣味だけに、切り口を変えればまだまだオンリー・ワンのレストランを立ち上げる余地はある。
2．音楽分野では Beatles。世界各地に Beatles の店が多数。日本ではライブハウスが主体。生演奏を売りにしない店ならまだまだ開拓の余地がある。他に、Elvis Presley、Michael Jackson、美空ひばり。
3．文学分野ではノーベル賞作家の Hemingway。歿後５０年を超えているが、米国だけでなくヨーロッパやハバナなどに多数。日本で本格的な店はない。他に、Scott Fitzgerald、三島 由紀夫、村上 春樹。
4．文房具マニアに向けたレストランが近年開店した。文具は扱う商品が広いので何を取り上げるか。
5．比較的歴史の浅い趣味はこれからもっとディープになる。バードカービング、ボトルシップ。
6．仕事で深く関わった世界の都市も面白い。London、Frankfurt、Panamá、Mumbai、Mombasa、Dubai。
7．特別な旅。南極、アフリカ、アマゾン、シルクロード、マヤ、など。未開の地、歴史を背負った所はディープになれる。

【実践例9】“ディープ”な レストラン
〈記入シートの例：あの国のあの街で活躍した企業戦士の故郷がここにある〉

A

氏名：Nt

タイトル　店の名前は“Boulvard Balboa”（バルボア通り）

背景／理由	具体的内容
中南米を股にかけて活躍していた戦士の基地はパナマ。海の男ならパナマ運河は皆世話になった。日本でパナマに浸れる憩の店。	・ヨーロッパ人として初めて太平洋に到達したスペインの探検家 Vasco Núñez de Balboa は、パナマの英雄でアベニーダバルボアには銅像が立ち、パナマの通貨もバルボアである。 ・バルボアを冠した通り、建物、ショップはパナマに多数ある。パナマにある同名のレストランはファミレス店だが、日本のお店はパナマ一色の高級店。中南米で活躍した戦士は、スペイン語がつい口に。 ・武勇伝を語るもよし、９時間かけて渡った運河の思い出もよし。

B

氏名：Hd

タイトル　パナマの“おもてなし”

背景／理由	具体的内容
食べ物、飲み物、音楽など、すべてがパナマ一色。店に入るとそこにはパナマ・ワールドが広がっている。	・パナマの主食はちょっと細長いインディカ米。卵やチーズ、豆をトッピングした定番のトルティージャ、スパイシーなチキンスープのサンコーチョ、パナマは魚料理も豊富。他にも、セビッチェ、キャッサバ、プランタノ・マドゥロ、ホヤルドラス、など。 ・ビールはソベラナ、アトラス、バルボア、パナマ、蒸留酒のセコ、スイーツはタマリンドなどの生ジュースやアロス・コン・レチェ。 ・店には、パナマティピコ、“Una Historia de Un Amor” が流れている。

C

氏名：Mm

タイトル　独立記念日には「パナマイベント」

背景／理由	具体的内容
パナマは、コロンビアから独立した１１月３日が建国記念日である。この日にイベントを開催して盛り上がる。	・戦士たちがお世話になった、元駐パナマ大使の講演。パナマ運河博物館館長の「パナマ運河の今昔」、三冬社社長の「パナマが起こした日本の幕末・明治の産業革命」など。ゲイシャコーヒーを飲みながら。 ・パナマ料理を大判振る舞いする“PANAMA Buffe”。 ・パナマコヒーの Duran、Geisha、民芸品の「モラ」「チャカラ」、パナマビール、などの物品販売。 ・中南米で仕事をするニュー・カマーはここで事前知識を吸収。

D

氏名：Yk

タイトル　締めは「パナマ検定試験」

背景／理由	具体的内容
パナマ運河は東西ではなく、南北にあるって知っていますか。基本事項からマニアックな知識まで。これができれば本当のパナマ通。	・パナマイベントの一つとして開催。１００問出題。問題集は店の HP で公開。問題はパナマ大使館のチェック済み。 ・得点により、１級、２級、３級の認定証。また優秀者には毎回副賞。 ・問題例 初級：１９６２年に完成したパナマ運河に架かる橋は「アメリカ橋」。 中級：大リーガのロッド・カルーは１９９１年に野球殿堂入りした。 上級：遣米使節がパナマ鉄道に乗ったのは１８６０年。日本人初。

【具体的なアイディアの例】

・ノーベル賞作家ヘミングウェイの「老人と海」の生き方に共鳴した人が、自分の人生と重ね合わせながら静かに時間を過ごす場所。
　－店の名は“ラ・テラッツァ”（ハバナにあるヘミングウェイ行きつけの店）、店主は通称“サンチャゴ”で、カジキ釣りの名人。「ヘミングウェイ・カップ」の常連。店のネコは６本指のヘミングウェイ・キャット。「フロリディータ」にある彼の銅像のレプリカがカウンターに座っている。

　－「人は打ちのめされるが、負けることは無い」皆この言葉が好きで店に通っている人が多い。

　－酒飲みのヘミングウェイが大好きだった、フローズン・ダイキリはこの店の一番人気。ビールはもちろんアトウェイ。薄切り玉ねぎのサンドイッチ、ポークビーンズスパゲティも注文が多い。

　－ヘミングウェイ小物も販売、お土産用のロン・ビヒア。幼少期の日記や青年時代の貴重な写真が壁に。

　－ ７月２日の命日に色々なイベント。朗読会、講演、映画の上映、ゆかりの地に行った人の報告、など。
・誰もが使う文房具にはそれぞれの思いが詰まっている。異業種とのコラボで思いを物語にする店。
　－相性が良いのは本屋。作家の愛用した文房具（万年筆：井上靖 - モンブラン 146、江戸川乱歩 - パイロット“53R”、ヘミングウェイ - パーカー 51 など、満寿屋の原稿用紙：川端康成、司馬遼太郎など）と書籍で、ある人は文房具から、ある人は書籍から自分の物語を紡ぐ。

　－同様に映画やドラマ。クローズド・ノートのドルチェビータミニ、プリティプリンセスの鍵付き日記帳、エリンブロコビッチのマイスターシュティック、ロストのフランクリン手帳など、思い出は多数。

　－ペットボトルのような筆箱、筆箱のようなペットボトル、棒飴のようなペン、ペンのような棒飴、など。
・帆船などが小さなボトルの中に入っているボトルシップ。忍耐力と技術、折れないハートが不可欠。皆が驚嘆の大型作品や極小作品。大海原に飛び出して船乗りになった爽やかな気分。瓶の他に、電球、調味料入れも。船だけでなく飛行機、フィギャ、恐竜、何でも。ボトルシップを囲んで話したいこと聞きたいことを存分に語り合い次作に向けてのアイディアと英気を養うお店。
・本物と見間違う木彫りの鳥、バードカービング。彫刻の技術だけでなく、自然に生息する鳥のすべてを知り尽くすことが求められる。顔の向きと表情、着地の足の角度、季節ごとに変化する羽の色、雌雄の身体の大きさの違い。自然へに畏敬の念と世界に一点だけのこの作品の価値を語り合う場がこのお店。

【実践例10】シニア向けレストラン

レストランであれば多くの人に来て欲しい。それでもどの客層を主要なターゲットにするかによって、店構えも、提供するメニュー、接客手法も当然異なる。若い人には微分に反応する俊敏さがある。シニアは積分で応える確かな目がある。

第10の実践例は、シニアが求める価値観に合う店、シニアを主要なターゲットにするレストランのコンセプト提案である。

【シニア層の統計データ】

- 60歳以上の人の消費総額は100兆円に到達。今後も毎年約1兆円増加し続ける。
- 市場におけるその割合も2030年には5割に到達。

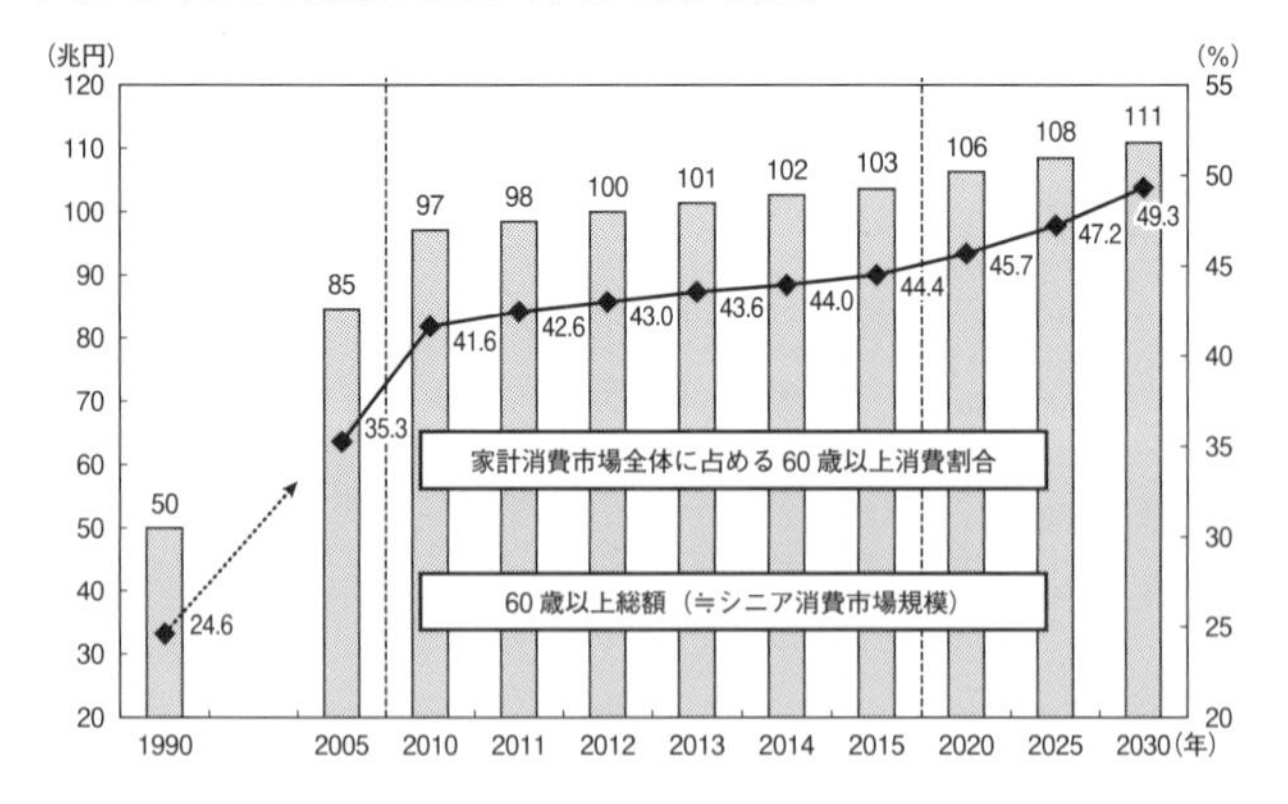

家計消費市場全体に占める60歳以上高齢者消費の割合と60歳以上消費額の推計（高齢者人口の増加と高齢者世帯の構成変化のみを反映）

（ニッセイ基礎研究所の試算による）

【実践例10】シニア向けレストラン
〈結果の要約（一部）〉

【概要説明】

- 65歳以上の人口が25%近くになり、60歳以上の消費額は60～70兆円に達している。
- 仕事をリタイアした60代以降で、時間も経済的にも余裕のあるシニアを主な客層とする。
- 若い人と同様に、カッコいいこと、新しいことは好きだが体力、認知能力の衰えは否めない。また、これまでの人生で積み上げてきた誇りがあり、それに対するリスペクトを欠いてはならない。体は70歳でも頭は30歳のシニアをターゲットにしたレストランを提案して欲しい。シニアを取り込むことで、若者や女性客の獲得にもつなげられないか。
- 所得水準、能力、嗜好、人生経験など（若い人より）大きくばらついている。この多様性をどう吸収しサービスに活かすかがポイントと認識している。
- 3世代、体験型、町の社交場、同窓会、日常健康食、本物の食などがキーワードとして取り上げられるが、少し視点を変えた具体的なアイディアが欲しい。

【視点・起点のアイディア】

1. 孫も喜ぶレストラン。"孫"はシニア獲得のキーワード。
2. 本物の"食"を知っているシニアの心をつかむ、旅に誘う地方にある一軒のレストラン。
3. こだわり抜いた趣味の世界。徹底してディープになるのが趣味。生半可なモノは受け付けない。
4. 青春の音楽で昔帰り。それぞれに自分の青春の歌がある
5. 地産地消でしっかり地域に根を下ろす。地元育ちのシニアはそのストーリー・テラー。
6. いつもにぎやか、今風井戸端会議の場。シニアは"コミュニケーション"を求めている。
7. 定番の昼宴会場。上質で安いし、尽きない話も昼なら時間は無制限。平日の昼間帯の売り上げに貢献。
8. 一人でもＯＫ。調度品、食器などあらゆるものがシニアには優しいユニバーサルデザイン。
9. 食事制限を気にせずに楽しめる食事処。外目には元気でも、老いは間違いなく内側から進んでいる。
10. 昼でもドレスコードあり。一番安いメニューは２０００円、でも一番高くて５０００円以下に。シニアには今まで生きてきた誇りがある。格式はそれに対するリスペクトの証。

【実践例10】シニア向けレストラン
〈記入シートの例：本物の“食”を知っているシニアを旅に誘う一軒のレストラン〉

氏名	タイトル　志のあるシェフがもてなす地方の一軒レストラン　A	
Em	背景／理由	具体的内容
	地域の食材を活かし、志のあるシェフが作る本物の料理を出すレストラン。旅をしてまで訪ねる価値のある店こそシニアの領分。	・新しい価値を提案する創作料理、食文化。 ・当然、土地の食材への敬意と覚悟がにじみ出る。 ・料理を提供しながら、食材のこと、土地のこと、気候や行事などの話もはずむ。それがまた料理を楽しませる。遠くまで旅して来た意味がここにある。永い人生を歩んで来たシニアにはゆったり流れる至福の時間。自分の中で新しい価値を見出す人がリピータとなる。 ・まずはこの地方出身のシニア。口コミで広がれば若者たちも。

氏名	タイトル　この土地でしか味わうことのできない本物の料理　B	
Nd	背景／理由	具体的内容
	大都市ではどこの郷土料理でも食べることができるが、本当の料理はその土地でなければ味わうことができない。	・発酵料理は郷土の色が強く表れる。原料、気候、食文化に依存し、その土地の歴史を背負っているからである。 ・旬の食材は季節ごとに異なるし、同じお米でも、料理する食材やその時の気温や湿度などの気候に一番合う炊き方がある。 ・山菜は“ハーブ”の意味を実体験させてくれるのが地方の一軒レストラン。 ・誰もがおいしい店ではなく、ここでしか出せない味で勝負。 ・食は体験。体験は一生のネタ、一生の記憶。

氏名	タイトル　一軒のレストランがその土地の情報発信基地に　C	
Ss	背景／理由	具体的内容
	良質の客人（シニア層）が集うレストランは、単なる食事所ではない。その土地の情報発信基地となる。	・地方にまで足を運ぶシニア層の客は良質の客人。彼らのネットワークは半端ではない。そのネットワークを通じてさまざまな情報を発信し、その土地の活性化に貢献する。 ・まずは来客の口コミから。そしていずれは、１階がレストラン、２階は土地に関連するさまざまな情報を集めたギャラリーも。 ・このレストランがブランド化し、土地の集客に寄与することになれば、食を通しての地方の活性化につながる。

氏名	タイトル　日本の味を中心に常識とかけ離れた料理の世界　D	
Yk	背景／理由	具体的内容
	遠くまで足を運ばせるには、自分の中に価値基準のある日本食が基点。その上で食した人を異次元の世界に連れていく。	・ソバ屋は不便な山奥でも美味しければ客は来る。日本人はその価値基準を持っているからである。しかし、自分の知らない（価値基準を持っていない）料理には、自分の行動範囲内にとどまる。 ・まずは口の肥えたシニアに、郷土料理に根差す“日本の味”をアピールしながら、どこまで常識とかけ離れた食の世界（料理、器、照明などの環境）を提供できるか。 ・素人を喜ばせ、目利きの玄人をも感嘆させることを目指す。

【具体的なアイディアの例】

・少し歴史のある街では地元に根を下ろしたシニアがいる。彼らの支持を得ながら若年層も含め幅広い顧客の獲得を目指す地域に根差したレストラン。地産地消が原則。
　－日頃から地域住民の様子や街の状況把握して客の傾向を先取りする。学校行事に合わせたメニューなど。

　－地元で採れる良いものを積極的に使ったメニュー。地元の発展に貢献したいシニア層にはうれしい。
　　・「そら豆づくしのフルコース」<生産量全国○位を誇るわが町のそら豆をふんだんに使用>
　　・「□□町のフルーツピッツァ」<地元の果樹園の採れたて果実をてんこ盛り>　など。
　－笑顔での接客、料理の出し方、客の座らせ方、片付けの時の何気ない会話、シニアに対するリスペクト、年配の従業員の配置、騒いでいる子供への注意など雰囲気の維持、など細かな気配りが成功の源。
・少し高級だが高くはないレストラン。それなりの仕事を終えたシニアには大衆的であるよりそれなりの格式が欲しい。ポイントは一番安いメニューを少し高めに設定して敷居を高くするとともに、一番高いメニューは低く抑えることである。それによって、シニア同士の会・集まりの開催も期待できる。
　－高級感を演出するためにドレスコードを設定。大衆レストランとは峻別でき、シニアの格式を保持。レストランの造り、従業員の質、接客マナーは当然この高級感にマッチしていること。

　－メニューには、サラダやコーヒー、ドルチェなどを付けることで最低価格を２千円に設定。少し高めに設定することで来客層を選別。上は５千円。この価格であればシニアの昼食会も容易に開催できる。

　－店の成否はリピータの多寡にある。シニアに相応しい栄養バランスのとれたメニューの充実、シニアへのリスペクトを忘れない気配り、長居がしやすい雰囲気、お孫さんへのプレゼント、などで。
・シニアが弱いのは孫。家に来た孫が必ず指名する、シニアも楽しめて孫も喜ぶ外食レストラン。
　－単に食事をするだけでなく、孫との“コミュニケーションの場”として全体を演出することがポイント。

　－シニアの食事、子供（孫）の食事にストーリーを持たせたい。地場産の食材、季節のテーマ、など。

　－食事中のワガママな子供には適切な注意や指導、退避させたり寝かしつけるスペースを用意するなど、上質な雰囲気を作ることはレストランの格を保持するために不可欠。

　－再訪してくれる度にレベルアップする孫へのお土産はどうだろう。

4　ネーミング

ネーミングとはモノやコトに名前をつけることである。そして、その名前によってモノやコトは具体的な姿となり、世の中に広がり、モノやコトを必要としている人に届ける、あるいは必要を喚起する。すなわち、需要を創出する。

ビジョンや目的から考えるのは、ネーミングの王道であろう。特徴を分かり易く伝える言語表現による伝達力、認知度を高める聴覚的に心地よい語感、その名前を視覚的に表現した時の印象などは、ネーミングを考える時の重要な留意事項である。

６３５法は、ネーミングの発想法として活用されているが、最後はＴ式ブレインライティングによるネーミングの実践例である。

【ネーミング大賞】

第27回 読者が選ぶ「ネーミング大賞」（2016年度）受賞一覧

賞	ネーミング		企業・団体名
大賞	グランエイジ		日本生命保険
生活部門	1位	キリン yosa-soda（ヨサソーダ）	キリンビバレッジ
	2位	ネナイト	アサヒグループ食品
	3位	ゴキブリワンプッシュ	フマキラー
ビジネス部門	1位	しんのすけくん	住友理工
	2位	安全湿地帯	キャニコム
	3位	ゴムレンジャー	スガツネ工業
アイデアネーミング賞 ※ネーミング50音順	nometa（のめた）		タニタ
	はるころシート		井口機工製作所
	ピタブロック		枚方技研
ブランドネーミング賞	新型高速シートシャッター大間迅		文化シャッター
	サザンゲート		ヤマトホールディングス
	本炭釜 KAMADO		三菱電機
ユーモアネーミング賞 ※ネーミング50音順	e-hizashi		カクイチ
	宴ノ助		岩田鉄工所
	水琴（すいきん）		エルメック電子工業
	mote con（モテ・コン）		坂製作所

第26回 読者が選ぶ「ネーミング大賞」（2015年度）受賞一覧

賞	ネーミング		企業・団体名
大賞	かがやき		JR西日本、 JR東日本 北陸新幹線
100周年賞	MIRAI（ミライ）		トヨタ自動車 燃料電池車
生活部門	1位	ネコポス	ヤマト運輸
	2位	流レールシンク	クリナップ
	3位	猫まわれ右 びっくりスプレー	フマキラー
ビジネス部門	1位	家族（うち）のまさお	キャニコム
	2位	もうたんか	帝人フロンティア
	3位	吸収男児（きゅうしゅうだんじ）	谷沢製作所
アイデアネーミング賞	ラクセット		文化シヤッター
	Conandesse（こなんでっせ）		中山水熱工業
	潤霧（うるむ）		いけうち
ブランドネーミング賞	glanova（グラノヴァ）		日本板硝子
	金芽ロウカット玄米		東洋ライス
	SAMURA-IN（サムラ・印）		中村製作所
ユーモアネーミング賞	らくらく快足		鎌田スプリング
	コ・ベンチ		岩田鉄工所

（日刊工業新聞社より）

【実践例11】商業施設のネーミング

商業施設などの大規模開発が各地で進められている。このような公共性の高い施設のネーミングでは、一般の新商品のネーミングなどとは異なる要件が存在する。

施設の性格は、テナントなどの構成に左右される。近隣地区の同種施設との差別化も重要である。一般に、大型の施設は長期間利用されるので、時代の風雪に耐えることも要件となる。

何を最も重要な訴求ポイントとするかは、ネーミング作業の前段として主催者が決めておかなければならない。

【商業施設 top10】

●阪急西宮ガーデンズ
・年商・売上高　780億円
・ショップの数 248店舗

●ラゾーナ川崎プラザ
・年商・売上高　767億円
・ショップの数 339店舗

●御殿場プレミアムアウトレット
・年商・売上高　761億円
・ショップの数 222店舗

●ららぽーと TOKYO-BAY（船橋市）
・年商・売上高　720億円
・ショップの数 425店舗

●ららぽーと EXPOCITY（吹田市）
・年商・売上高　600億円
・ショップの数 319店舗

●テラスモール湘南（藤沢市）
・年商・売上高　526億円
・ショップの数 297店舗

●モゾ ワンダーシティ（名古屋市）
・年商・売上高　524億円
・ショップの数 228店舗

●ららぽーと富士見（富士見市）
・年商・売上高　500億円
・ショップの数 321店舗

●ららぽーと横浜
・年商・売上高　480億円
・ショップの数 283店舗

●ルミネ新宿
・年商・売上高　478億円
・ショップの数 240店舗

【実践例11】商業施設のネーミング
〈結果の要約（一部）〉

【概要説明】

・本駅は都心から50分。中高所得者の多い地域住民の玄関である。この駅に隣接する大型バスターミナル（1階）に併設する大規模商業施設を計画している。
・都心からさほど遠くはないことから、都心の商業施設とは競合しない特徴を持たせ、日常生活においては本駅以遠の人たちをこの施設で吸収したい。
・地下にはスーパー、最上階はフィットネスクラブ、カルチャセンタが入る。中階層にあるレストランには超高級ではないが、地元では知らない人がいない味の名店を近隣から集める。ショップは主に子供や主婦層をターゲットにしているが、腕のいい職人が営む小店舗もできるだけ誘致し特徴を持たせる。
・この商業施設に、子供もお年寄りも言いやすく覚えやすい名前、この施設が提供するサービスを的確に言い表す名前、そしてこの地域の中心施設として30年は色あせない名前を提案して欲しい。
・名前と合わせ、そのデザインやキャッチコピーなどもあれば歓迎する。

【視点・起点のアイディア】

1．本施設における機能の中心はバスターミナル。これを基点にしたネーミングが自然。
2．地元に軸足を置いた商業施設なのだから地域を感じさせるネーミングを考えたい。
3．この地域における日常生活の中心拠点として目指す方向性に沿ったネーミングがよい。
4．30年を考えるとやはり未来指向のネーミングが相応しい。
5．30年色あせないのはオーソドックスな素直な名前。
6．少し飛んでいる名前を付け、それに向かって本施設のサービスを成長させる。
7．まずはオシャレで響きのよい名前が重要。この施設を利用する人たちがオシャレでいいな、と思えばそれが定着し、その名前の下でサービスも成長していく。
8．名前だけでなく、それに相応しいロゴマーク、キャッチフレーズ、さらにはシンボルカラーなどトータルで考えることが必要。名前が先ではなく、例えばシンボルカラーから名前を導き出すこともあり。
9．地元の漫画家や小説家とタイアップしてこの施設の名前を使った作品を書いてもらう。

【実践例11】商業施設のネーミング
〈記入シート の例：駅名の頭文字“ｉ”を使ったネーミング〉

氏名	タイトル　駅名の頭文字“ｉ”を使ったバスターミナルのネーミング　A	
Yy	背景／理由 言いやすく覚えやすい名前がよい。駅名の頭文字“ｉ”を使ったネーミング。“ｉ”は「愛」でもある。	具体的内容 ・施設の中心機能はバスターミナル。だから、「ｉ－バスターミナル」 ・バスターミナルは面白くないので、「ｉ－バスの駅」。 ・ｉは“愛”だから、「ｉ・ｉ－バスターミナル（またはバスの駅）」 ・ｉは“藍”、バスのボディー・カラーも藍色に近いマリン・ブルー。そこで、この施設の基本色を“藍色”とする。 ・現在、バスは会社名を付けた○○バスと呼ばれているが、これからはこのターミナルを発着するバスは“ｉ・バス”と呼ぶ。

氏名	タイトル　“ｉ”を使って商業施設に相応しいネーミング　B	
Wn	背景／理由 施設の中心機能はバスターミナルだが、当然、商業施設も重要。飽きのこない市民に愛される“ｉ”を入れたネーミング。	具体的内容 ・いつまでも皆に利用してもらう施設にはオーソドックスな名称を。 ・地域住民に良く知られた名店の並ぶ道を皆で楽しんで歩いて欲しい。だから「ｉ - プロムナード（Promenade）」。プロムナードは仏語で「遊歩道」。 ・地域住民にとってこの施設は町の中にある大きな家、「ｉ - タウンコート」。 ・良く聞く名称は斬新さに欠ける。上記のように、“ｉ”を複数回使うなどして“ｉ”で違いを作るのも良い。 ・英語、仏語以外の言語を使う手もある。スペイン語で「ｉ - パティオ」。

氏名	タイトル　“ｉ”を使いながら日本語のネーミング　C	
Sh	背景／理由 外国語名称は意外と早くすたれる。“ｉ”を使いながら日本語のネーミングがよい。	具体的内容 ・すぐに思い浮かぶのは「ｉ - 楽市楽座」。少し古めかしいが、この地はもともと宿場で栄えた町。それを未来に伝える意味もある。 ・「ｉ - タウンのれん街」。英語，カタカナ，ひらがな，漢字を使った表記は面白くないか。少し庶民的だが、帰宅する父さんたちにはホッとする名称。 ・すべてに共通することだが、名称の前に少し文章を付けるのもあってよい。例えば、雑木林など武蔵野の面影がまだ少し残っていることから，「木漏れ日の宿場街“ｉ - タウン”」とか，「木漏れ日が優しい“ｉ - 楽市楽座”」、など。

氏名	タイトル　新しい商業施設なら少し飛んでいるネーミング　D	
Sa	背景／理由 新しい商業施設なら「何だコレは」というぐらいのインパクトのあるネーミングが欲しい。“ｉ”は使う。	具体的内容 ・駅に直結した商業施設は駅前の再開発の目玉。再生や再出発、あるいは再起動という言葉を使いたい。 ・イタリア語のレナータ（renata）から「i - レナータ」、飛んでるとは言えないが英語で“reborn”と“reborn”を掛けて「i -- リボン」、など。 ・ICT 設備の積極的な活用を謳う「i - サイバータウン」「i - スペースギャラリー」。 ・“ｉ”を膨らませて、駅名のｉとintelligentのｉで“ｉ・ｉ”、intelligentのｉ、interspaceのｉ、integrationのｉ，この３つを掛けた“i^3”（“アイ・キューブド”と読む）を上記の *i* の変わりに。

【具体的なアイディアの例】

・バスターミナルを基点としたネーミングはこの施設の機能の点からも自然。
　―駅名の頭文字“ｉ”を使って「ｉ-バスターミナル」。

　―「i^3-バスターミナル」。ｉは駅名の頭文字と“愛”、それに地元の名店や知恵が集積（integration）されたという意味のｉ、この３つが掛け合わされている、ということで“i^3”（“アイ・キューブド”と読む）。

　―バスのボディー・カラーをとって「マリン・ブルー―バスターミナル」。

　―商業施設には別の愛称を付けてもよいが、一緒にして「名店のれん街バスターミナル」。
・30年色あせないのはオーソドックスな素直な名前。
　―「○○プロムナード（Promenade）」○○は駅名。プロムナードはフランス語で「散歩」あるいは「散歩の場所」（散歩道・遊歩道）。バスを降りて駅へ向かう、地元の名店が並ぶ遊歩道。

　―「○○タウンコート」。駅名の○○と町の中の家を意味するタウンコートを合体。

　―「○○パティオ」。駅名の○○とスペイン風中庭を意味するパティオを合体。
・地元に軸足を置いた商業施設なのだから地域を感じさせるネーミングを考えたい。
　―「○○楽市楽座」。○○は駅名。少し古めかしいが、もともと宿場があった所。古いから新鮮。

　―「ｉ-タウンのれん街」。英語、カタカナ、ひらがな、漢字を使った表記で新鮮さをアピール。

　―雑木林など武蔵野の面影がまだ少し残っていることから、「木漏れ日の宿場街“ｉ-タウン”」。
・少し飛んでいる名前を付け、それに向かって本施設のサービスを成長させる。
　―「○○レナータ」。駅名の○○と生まれ変わること、転生を意味するイタリア語のレナータ（renata）を合体。町がこの施設の業とともにさらに発展し、生まれ変わってゆくことを意図。
　―「○○アダルジーザ」。駅名の○○と高潔な担保、高貴な人質を意味するイタリア語のアダルジーザ（adalgisa）を合体。今ある名店や施設は将来の発展に向けた人質、と考えて更なる町の飛躍を期す。
　―「ｉ・ｉ-スペースギャラリー」。駅名のｉとintelligentのｉ。ＩＣＴによってインテリジェント化を図り、進化する空間を見える化することで町の先進性をこれからアピールしたい、という意図。（“ｉ・ｉ”はアイアイと読む）
　―「○○リボン」。○○は駅名。リボンは“reborn”：再生の意味と“ribbon”を掛けている。

第3章　ブレインライティングの原形とその特徴

Ｔ式ブレインライティングは、１９６０年代後半にドイツのロールバッハによって創案されたブレインライティングをベースにしている。この原形であるブレインライティングが生まれた背景や、原形の具備する特性を理解することは有用である。Ｔ式ブレインライティングを使いこなすためには、使う目的や環境に合わせて工夫することが必要となる。その時、先人の歩んだ道には、にいろいろな示唆が含まれているからである。

「ブレインライティングはブレインストーミングの欠点を改良するために考案された発想法[1]」であることから、ブレインライティングの特徴はブレインストーミングとの対比で語られる。

そこで本章ではまず、ブレインストーミングの現場の課題を整理する。その上で、その課題をクリアするためにどのような工夫を加えたブレインストーミングの変形技法が考案されているか、いくつかの例について紹介する。次に、ブレインライティングの原形（６３５法）とその特徴を述べる。

1　ブレインストーミングの課題

１９３９年ころ、オズボーンはブレインストーミングの手法を開発し、実際の現場で使うようになった。そして、その使用例などをまとめ、１９５３年にテキストとして出版した。この本はマサチューセッツ工科大学の教科書として採用された。創造性教育の始まりである。

その後、このブレインストーミングは様々な分野、様々な場面で広く活用されることとなった[2]。活用の場面が広がれば広がるほど、ブレインストーミングを実施する際の目的や環境条件などが色々と異なる。それは、オズボーンが前提として考えていたであろう場面とは、諸条件が大きく異なる場合もあった違いない。それに、ブレインストーミングは（他の発想法と同様に）どんな場面でも有用な絶対的手法ではない。〝ブレインストーミングが失敗するパターン〟などについて議論されている[3]のは、逆に、ブレインストーミングが広く世の中に普及している証しでもある。（５章の７参照）

ブレインストーミングが広く普及し始めると、実際に使う場面で生じるブレインストーミングの弱点を補い、より有用な発想技法にするための変形法が多数開発されるようになった。

ブレインストーミングの現場の課題

(1)発言する人としない人とが極端に分かれる

ブレインストーミングの会議では、参加メンバーが多くなるとメンバー間の発言力に差が現れる。このことは、アカデミックな立場からも研究されている。[4]

発言力の差には色々ある。

声の大きい人がいればそれに引きずられる。そのテーマ分野における権威者がいればその発言は絶対的となる。人間関係がハッキリしている場合、例えば上長などの発言に対し下からワイワイガヤガヤするのは実際には難しい。批判厳禁、自由奔放が、状況によっては成り立ち難いのである。オズボーンはフラットに意見交換ができる状況を想定していたはずだ。これは、会議のメンバー選択の問題でもある。

発言力の差には個人の性格もある。遠慮がちで（意見を持っていても）自分から発言しない人、周りの空気を読む気配りの人。[*] これは、ブレインストーミングを回すファシリテータ（主催者）の力量にかかわる問題でもある。

＊〝こんなアイディアは笑われる〟〝実現可能性が乏しい〟など、自分で自分のアイディアを評価してしま

い発言をためらう。「判断延期」のルールが活かされないよくあるケースである。

脳が活性化されるのは参加者の一部だけで、その他大勢の人はただ聞いているだけでは意味がない。参加者全員が熱くなり、自由奔放に意見が飛び交う会議こそオズボーンが頭に描いていた姿であろう。

⑵４つのルールが発想の足かせとなる

〝批判厳禁〟〝結合発展〟のルールが逆効果となることも度々生じる。ある意見（視点）に対して反対の意見（視点）は言い難い。ルールに反するからである。その結果、物事の多面的な視点を手に入れるために多様な人材を集めているのに、肯定することが強調されてどんどん関係のない方向に話が散らかって行ってしまうことがある。

これは、相手の意見を肯定しながら他の視点をいかにして提示するかという表現の仕方にも関わり、参加者の力量の問題でもある。

本来のブレインストーミングは熱いはずだ。４つのルールはワイワイガヤガヤと活性化するためのルールだからである。ただ、少し静かに一人で黙考することで自分のアイディアを湧き出させる人もいる。だから、「発言が中心の会議なので沈黙して考えることができない。」と言う。良い悪いの問題ではない。適材適所があることを念頭に置いて、メンバーを選定する必要があろう。

(3)同じような考えの人ばかりでアイディアが展開しない

どのような発想会議であっても、その会議に参加するメンバーが適切でなければ所期の目的を達成させることはできない。

前述のように、ブレインストーミングでは発言する人、人の話を聞きながら新しいアイディアを発想できる人が相応しい人材である。

このような個人の特性だけでなく、多様なプロファイルのメンバーを集めることも重要である。多様な視点を前提に、多量のアイディアを集めるはずのこの発想会議も、メンバーの視野が狭かったり、同じプロファイルのメンバーばかりではアイディアの多様な展開は期待できない。

ダイバーシティ（多様性）は発散技法を活かすためのキーワードである。

(4)テーマの設定や目的が間違っているために意味のない結果が導かれる

発想法は万能ではない。ブレインストーミングは、未だ陽の目は見ていない新しいことや気づかなかった有用なこと、それらのヒントになることを参加メンバーが互いに刺激し合いながら生み出すためにある。ここだけで確たる何かが出てくるわけではない。出てくるアイディアは思い付きであることを念頭に置いておく必要がある。それから先は別途綿密な検討が必要であることを忘れてはいけない。

知りたいことをストレートに聞けばよいわけではない。大切なことは、知りたいことの本質を抉るテーマを設定（設問）することである。そうでない場合には、出てくるアイディアが求めている方向と異なることになる。

うまくいったことをテーマに据え、二匹目のドジョウを狙うアイディアを求める場合、うまくいったのは何かをしっかり分析し把握した上で会議を進める必要がある。うまくいった原因が〝運〟なのであれば、どうすればこの〝運〟を掴むことができるか、時流をどう掴むかがポイントとなるであろう。

テーマや目的の設定が誤っているためにブレーンストーミングが意味のない会議になる例は、実際に多数ある。

⑸事前準備が不足しているために結局会議が無駄になる。

どのような条件の下でアイディアを求めるのか、主催者は十分に調査しテーマを提示しなければならない。

具体的には、現状何ができているのか／できていないのか、何は実現可能か／不可能かを明らかにすること、市場の動向や技術動向などを十分に調査するなど、周到な事前の準備がなければ、実りのある会議とはならない。

(1)、(2)はブレインストーミングに特有の現場の課題であるが、(3)～(5)は、すべての発想会議に共通する課題である。1章で詳述したT式ブレインライティングでは、これらの課題を踏まえ、準備も含めて発想法としている。

ブレインストーミングの変形／改良

批判厳禁、自由奔放、量を求む、便乗発展の4つの鉄則をベースにしながら、活用現場の状況に合わせてさまざまに工夫したブレインストーミングの変形技法が開発されている。その例を3つ紹介する。

(1)順番方式のブレインストーミング

ブレインストーミングの問題点として指摘されることは、声の大きい人などに発言が偏ることである。そこで、各メンバーに、メモ用紙を配布し、５〜10分程度思い付いたことをメモ書きしてもらった後に、それを順番に発表していく方式である。アイディアの出方が不十分であった時には、これを何回か繰り返す。

この方式では、他のメンバーが書いたアイディアをリアルタイムで確認することができないので、原形のブレインストーミングでは生じることのない内容の重複があったり、会議の場が盛り上がりにくいことがある。

⑵紙キレ方式のブレインストーミング

「スリップ（紙キレ）・ライティング」とも呼ばれる。口頭で話す代わりにアイディアを紙キレに書き、それを集めて集約する。その集約結果を踏まえ、以降、何回か繰り返す。

この方式は原形のブレインストーミングのようなスピード感が欠如すること、盛り上がりを欠くという欠点はるが、アイディアが紙に書かれているため、そのアイディアの集約がし易いという利点がある。

⑶バズセッション

ブレインストーミングでは、一度に多人数で議論を進めることはできない。高々10人程度が限度であろう。そこで、参加人数が多い時、全体を6人程度の小さなグループに分けてブレインストーミングを行う。その結果を全体会議に持ち寄る方法である。

かなり大人数でも密度の濃いアイディア発想会議ができること、グループの結果と全体会議を効果的に組み合わせることによって、全体としての整合性や統一も図ることができる。

この他にも、紙キレ方式を発展させた「カード・ブレインストーミング」、テーマの作り方に工夫を加えた「欠点列挙方式ブレインストーミング」、「ゴードン法指向のブレインストーミング」などブレインストーミングの変形技法は多数存在する。

2 ブレインライティングの創始者

高橋誠は著書[1]の中で、ブレインライティングを日本で最初に紹介したのは、「問題解決手法の知識」（日経文庫、1984年）であったと書いている。さらにまた、

「ブレインライティングは、ドイツのホリゲルさんが開発した会議技法です。ホリゲルさんはドイツの形態分析法の研究者で、経営コンサルタントでもあります。」

「ホリゲルさんは、ブレインストーミングの欠点を改良するために、このブレインライティングを考案しました。そして、１９６８年に始まったドイツの職業訓練コース『ローバック』の中でこの技法を紹介し、ドイツ国内で急速に普及しました。*」

とある。

＊航空工学の権威であった佐貫亦男（１９０８-１９９７）は、電気的機械回路の回路伝達関数を用いて民族の発想パターンを比較している。[5]それによれば、「『ドイツ人の発想の原点は自己の内にあり、従って、相手の立場をほとんど考慮に入れず、自己の立場だけから発想して相手に押し付ける。一方で、相手の挙動をある時間だけ観察積算してデータを得ようとする。』だからこそ自分の意見（アイディア）を紙に書いて自分の発想であることの証拠を残して相手に伝え（紙を回し）、自分の意見を出発点とし強制的に相手の意見を引き出して自分のアイディアを広げる、という手法がドイツでは歓迎されたように思える。」と解説している。

高橋が発想法に関する著書の中で、ブレインライティングを紹介して以来、日本では本手法の開発者はホリゲル（Hollger）となったように思う。

ブレインライティングの原著を探すため、「Hollger」をキーワードにしてネットで検索したがヒットせず、「635-method」で検索すると多数の候補がヒットした。例えば、イギリスの人文科学・社会科学分野の学術書を扱うRoutledge社から２０１３年に出版された「The Routledge international handbook of innovation education.（Larisa V. Shavinina編）」の１４５頁には、

"Although the 635-method was developed by Bernd Rohrbach in 1969, Geschka and his colleagues at Battelle group in Frankfurt checked and tested the method in real applications and came up with new variants in 1971 and later."

の記述があり、Hollgerという名前は記載されていない。そしてこの手法をベルント・ロールバッハ（Bernd Rohrbach）が１９６９年が開発したことを示す根拠として、ドイツの販売業界誌 Absatzwirtschaft が参考文献に挙げられている。

Rohrbach, Bernd. "Kreativ nach Regeln – Methode 635, eine neue Technik zum Lösen von Problemen.", Absatzwirtschaft. Vol.12, pp.73-76, 1969.

また、６３５法を紹介しさらに発展させたHorst Geschka（当時、Battelle Memorial Institute）の手法については、

Battelle Technical Inputs to Planning/Review〟No.5〟pp.7-9, 1981.

に記載されている。

筆者の調べた範囲では、（ドイツの販売業界誌 Absatzwirtschaft は手元にないが）このブレインライティングの開発者は、ロールバッハである。

なお、ブレインライティングを日本では、"Brain Writing"と表記されていることもあるが、外国の文献では"Brainwriting"である。

3　ブレインライティングの原形：635法

ブレインライティングは当初「６３５法」と呼ばれていた。
・参加者は【６】人。
・1ラウンド中に各自が【３】つのアイディアを考えてシートに記入する。
・各ラウンド【５】分間で行う。
だから「６３５法」、これがブレインライティングの原形である。

本手法の創始者であるロールバッハが、当初どのようなアイディアの創出を念頭に置いて「６３５法」を編み出したのか定かでないが、（出版されている多くの発想法の本に記載されている例を見る限り）記入シート（図1-2）の各欄は小さい。*

＊前述のように、「６３５法」はドイツの販売業界紙に初報が記載されているが、その文献を筆者は入手できていないため、記入シートの原形について確認していない。

このことから、内容や背景説明などを付けずにネーミングやキャッチフレーズのアイディア出しに使っていたのではないかと想像される。本書の「T式ブレインライティング」では、アイディアの内容やその理由、背景説明を要求するので、記入するシート（図1-1）のフォーマットは大きく異なる。

「635法」の具体的な進め方は以下の通りである。[1]

【事前の準備】

1．主催者は求めるアイディア（テーマ）について、事前調査などを行いブリーフィングの準備をする。
2．テーマに相応しいメンバーを選定する。
3．ブレインライティングの記入シートを準備する（図1-2）。
4．ロの字形式、またはコの字形式に座席を配置した会議室を準備する。

【主催者の説明】

1．主催者から求めるアイディアについてブリーフィングを行う。
2．記入シートを配布する。

3．会議の進め方、留意点を説明する。

・シートに最初の3つのアイディアを記入する。

・前の人のアイディアを良く読み、そのアイディアの趣旨を活かしながら次のアイディアを創出すること。

・必ず3つの欄を埋めること。空欄のままで回さない。

・どうしても前の人のアイディアを発展させられなかった時には、枠の境目に太線を引き、別のアイディアをスタートさせる。

・原則、各ラウンド5分とするが、シートへの記入状況をみて、若干時間を変動させることがある。

4．テーマや会議の進め方などについて、簡単な質疑応答を行う。

【会議の本番】

1．メンバー各自が3つのアイディアをシートの1行目に記入する。

2．5分経過後、記入したシートをそれぞれ隣の人に回す。

3．他人の書いたアイディアを継承・発展・補足させながら、3つのアイディアを2行目に記入する。

〈同様の手順を全部で5回繰り返す。会議時間は、通常、5分×6回で30分となる。〉

【終了後のまとめ】

メンバー全員により、その場で出されたアイディアを評価する場合もあるし、主催者が全員のアイディアを持ち帰り、まとめることもある。

4　ブレインライティングの特徴

発想法と言われる技法の多くは、私たちが何かを考えたりまとめたりする時、特に意識することなくそれらと同様の技法を使っている。しかし、このブレインライティングを使ったことのある人は極めて少ないであろう。その意味で、数ある発想法の中で特異な技法である。このブレインライティングの特徴（特異性）を次の5項目にまとめた。

1．沈黙して発想する集団会議技法

集団発想に共通するのは、「種のアイディアを参加者が育てていく」ことであるが、その種のアイディアの出し方、育て方が異なる。

通常、会議ではメンバーからさまざまな発言（種のアイディア）があり、それに便乗して皆の知恵を引き出す（アイディアを大きく育てていく）。その発言をワイワイガヤガヤによって最大限に発展させるのがブレインストーミングで、そのために4つのルールを設けている。このブレインライティングはただ黙々とアイディア出しの作業を行う。ワイワイガヤガヤを旨とするブレインストーミングとは真逆で、ここに、本技法の利点を生み出す一番のポイントがある。

2．全員が会議時間の間ほとんどフルに頭を使う発想会議技法

通常、会議の時間中ずっと頭を働かせている人は議長を除けばまずいないであろう。誰かが発言している時は休憩時間の人もいるはずである。ブレインストーミングでは、10人のメンバーがいれば各メンバーの発言時間は平均して会議時間の1／10となる。もちろん発言時間だけが頭を使う時間ではないが、それでも数分の一の人が大半と思われる。ブレインライティングでは、全員が会議時間の間ほとんどフルに頭を使わなければならない。こんなに頭を使わせ

る会議は他にない。だから参加メンバーの知恵を最大限引き出せる発想会議であり、参加者にとってはとても疲れる会議なのである。

3．種々の発言力格差には無縁の発想会議

通常、会議では参加しているメンバーの間にはさまざまな発言力格差があり、それが会議を支配しているケースは多い。アイディアを求めているのに、その格差が前面に出てしまい、それが発想会議の障害となることについては、前項3章の1で述べた通りである。本発想法は、他のメンバーの発言に邪魔されることなく記入シート（紙）に黙って記入する。〝紙（シート）の前に皆平等〟なのである。

4．最初だけ自分、後は他人の視点を起点にして発想する会議

〝思い込み〟は、人間がさまざまな社会環境の中で生きていくために身に付けた知恵でもあるが、そのことが〝発想〟の場面では発想を阻害する要因となることが度々ある（6章の1参照）。本発想法では、2回目以降、他人の視点を起点に発想することを求める。自分の頭の中だけでは堂々巡りするアイディアを強制的に外に飛び出させるための仕掛けがここにある。

5. 原則、人数制限のない会議

大会議、というのが無いわけではない。しかし、議論をする会議となれば自ずとそこには適正な人数というものがある。発想会議でも同様である。ブレインストーミングの変形であるバズセッション（3章の1参照）は、大人数会議に対処するための方策である。本技法は、原則、6人以上何人でも参加が可能である。それゆえ、ブレインライティングをネットで実施することも可能となる。

どんな発想法であれ万能ではない。最も効果的に活用するための条件はそれぞれの発想法においてて存在する。ブレインライティングの持つ特性を念頭に置きながら、目的とする成果が得られるように自分なりの変形や活用するためのノウハウを蓄積することが発想法を使いこなすために必要となる。本書の「T式ブレインライティング」もその一例である。

高橋誠は著書[1]の中で、

「ブレインストーミングの問題点として主要なものには、2つあります。1つ目は、発言する人と発言しない人が極端に分かれることです。2つ目は、発言が中心の会議なので、沈黙して考えることができないことです。

彼（ドイツのホリゲルさん）は、この欠点を改良するために、このブレインライティングを考案しました。」

と書いている。

筆者自身、ブレインライティングの発案者である（筆者の調査では）ロールバッハの原著を読んでいないし、また本人の話を聞いてはいないが、ブレインストーミングを下敷きにして開発された発想法であろうことは想像に難くない。従って、本発想法の長所、短所の多くは、ブレインストーミングとの対比で語られる。

本書では、前出のRoutledge社から出版された「The Routledge international handbook of innovation education（Larisa V. Shavinina編）」の６３５法の解説をベースにブレインライティングの長所、短所を整理する。

【ブレインライティングの長所】

１．極めて簡単に実行することができる発想法

基本的に記入シートがあれば誰でもどこでもすぐに始められる。ブレインストーミングのように会議をうまく切り回す訓練されたファシリテータを必要としない。

2．メンバー全員の積極的な参加を保証する発想法

ブレインストーミングの欠点とされている、さまざまな「発言力格差」が回避される。また、周りの発言に左右されずジックリ考えて発想することができる。

3．アイディアがすべて記録される発想法

ブレインストーミングでは発言を逐次記録することが必要である。出されたアイディアを無駄にしないために、要領よく発言を記録する書記の役目は大きい。ブレインライティングでは、すべて記入シートにアイディアが記録されるので、書記は不要となる。また、特定のアイディアを後からフォローすることも容易である。

【ブレインライティングの短所】

1．文字でアイディアを表記することの限界

ブレインライティングでは、記入シートという制約された小さな領域にアイディアを文字で書かなければならない。しかし、適切な言葉が浮かばない場合、口ではインタラクティブに補足することで相手にうまく伝えられることも、限られた文字数では伝えられない。また、話すことで気づく瞬間的な閃き、相手との相互作用によるダイナミックな発想の拡散力は期待でき

ない。アイディアの広がりが限定的である。

2．時間の制約によるストレスの発生とアイディアの抑制

1ラウンドの目安は5分。しかもその時間内に必ず3つのアイディアが求められる。いつでもスラスラとアイディアが浮かぶわけではない。浮かばなければ焦る気持ちも生まれストレスとなる。もう少し時間を掛ければ浮かぶアイディアもあるだろう。制限時間が来ればそこで終了である。

3．アイディアの重なり

ブレインストーミングのようなオープンな議論の中では同じアイディアが出されることは無いが、沈黙の発想会議では、その可能性はあり得る。ブレインライティングでは、2ラウンド目以降は前の人の書いたアイディアをよく読み、それを継承・発展・補足させながら、さらに3つのアイディアを発想することを求める。したがって、1ラウンド目の3つのアイディアが同じである場合、それ以降のアイディアもまた重なる可能性が高い。

長所と短所は表裏一体である。文字で表記することの限界は、同時に記録を残せることの長

所ともなっている。

時間の制約はストレスを生むが、それは〝火事場の馬鹿力〟を発揮させ、苦し紛れに書いたアイディアが素晴らしものであることもある。

（3つのアイディア）×（6人）×（6回）＝108のすべてのアイディアが、互いに重なることなくそれぞれに素晴らしいという、単純な掛け算通りには実際にはいかない。それでも、短時間に多くのアイディアが生まれることは確かなことである。

5 ブレインライティングの課題と変形／改良

ブレインストーミングは広く一般に普及している発想法である。それは、ブレインストーミングという名称は知らなくとも、皆で知恵を出すいろいろな会議で、従前から同様の技法を用いていたからではないかと思われる。今までやっていた会議は、実はブレインストーミングという名称の発想会議で、その会議をさらに活発にするためにオズボーンが整理した4つのルールを改めて導入した、といケースは少なからずあったであろう。ブレインストーミングには、その導入の素地があったのである。

一方、ブレインライティングは前述のように、記入シートを用いた特異な発想法であり、会議で同様の技法を用いたことはそれまでまず無かったであろう。それでも、本発想法が生まれたドイツでは１９８０年の認知率が、ブレインストーミング92％に対し、ブレインライティング62％[1]とあり、徐々にではあるが広まりつつある。活用の場が広がれば、それに伴い、使う目的や会議の環境条件などが異なる状況が生まれ、それに相応しい技法に変形することが必要となる。

この節では、変形技法のいくつかを紹介する。「T式ブレインライティング」もその一つである。

〈off siteブレインライティング〉

多くの会議は、原則、メンバー全員が同じ会議室にいるon siteで行う。1ラウンド5分、という時間制限も、メンバー全員を会議室に拘束している（on site）ことから自ずと生まれた制約である。そこで、メンバーがそれぞれ別の場所（off site）に居て、好きな時間に好きな時間だけ考えてシートにアイディアを記入するブレインライティングが開発された。1回ごとの回答期限は設けてあるが、5分という短時間ではない。

全く自由ではないが、時間の制約から解放され、自席で適切な言葉を調べながら書くこともできる。ここでは、焦って考えるということも無いであろう。この形式の発想会議は、ネットを使って行われる。
焦ることで生まれる〝火事場の馬鹿力〟的な発想は生まれないが、しっかり考えたアイディアが期待できる。

〈サブテーマ・ブレインライティング〉

ブレインライティングでは、会議中に他の人のアイディアを全員が同時に読むことはない。そのためにアイディアが重なることがある。特に重要なのは、第1ラウンド目の3つのアイディアの発想である。ここを出来るだけ重ならないようにする工夫が求められる。2ラウンド目以降は、前の人のアイディアを下敷きにして発想を広げるからである。そこで、主題となるテーマに対してサブテーマを準備しておき、そのサブテーマに沿ってアイディアを出してもらうことで重なりを回避する。サブテーマを6つ用意して一人一人異なるサブテーマを割り振ることもあれば、3つのサブテーマを2人ずつに割り振る場合もある。また、メンバー全てにサブテーマを割り当てるのではなく、何人かはサブテーマ以外で自由に発想をお願いすることもある。全てのメンバーにサブテーマを割り振ると、主催者も気づかないアイディアを捕まえられないことがあるからである。

〈記入シート変形型ブレインライティング〉

６３５法の原形では記入シートの記入欄が小さい。ネーミングやキャッチフレーズなどの短い言葉で表現するアイディアを求める場合であればよいが、ブレインライティングを他のテーマの発想に使う場合には、記入シートを工夫する必要がある。「T式ブレインライティング」でも、この記入シートを工夫して使っている。

記入シートの各欄を大きくするだけでなく、ポスト・イットを使うことも有用である。ブレインライティングでは、全員が記入シートにアイディアを書き終えた後、各欄をカットして同種アイディアをまとめる作業を行う。ポスト・イットで構成された記入シートであれば、すぐにまとめの作業に入ることができるからである。

他にもブレインライティングを使いこなすための工夫はいろいろある。使う目的や環境に応じて自分の文脈に合うように変形する工夫は、発想法を有用な道具にするために不可欠である。

(1)高橋誠著、〝ブレインライティング：短時間で大量のアイデアを叩き出す「沈黙の発想会議」〟、東洋

経済新報社、２００７
（２）B.ミラー他著、弓野憲一監訳、〝創造的リーダーシップ―ファシリテーションの極意をつかめ！〟、北大路書房、２００７
（３）Proctor,T.、〝Creative Problem Solving for Managers: Developing Skills for Decision Making and Innovation, 2nd ed.〟, Routledge, London, 2005
（４）Bouchard, T. J. & Hare, M.,〝Size, performance, and potential in brainstorming groups.〟Journal of Applied Psychology, vol.54, pp.51-55,1970
（５）佐伯亦男著、〝発想のモザイク〟、中央公論社、１９７２

第Ⅱ部　発想法とは何か

発想法という言葉には、どこか胡散臭さがつきまとう。錬金術のような響きを感じる人もいる。そこで、この発想法にまつわる先人のさまざまな議論を俎上に載せ、発想法が我々にとって有用な技法であるのかを吟味する。T式ブレインライティングを実践する上で有用な考え方や技法など、自分流のT式ブレインライティングを構築するためのヒントがここにある。

第4章　思考・発想・創造と集団の知恵

人が一人で考え知恵を絞り出すことが発想の出発点である。それに他人を加えた集団で知恵を出す作業は、組織体における日常活動であり、そこには一人だけでは成し得ない、量や質の点で勝る発想が期待されている。本章では、思考や発想、創造とは何か、創造性や集団での知恵の意味について考える。

1 「思考」「発想」「創造」の語源を探る

本書で取り上げたT式ブレインライティングは集団発想の技法である。では、この発想とは何か。

発想するために私たちは思考する。だが、集団発想法とは言うが、集団思考法とは言わない。発想と思考は何が違うのであろうか。本書で発想という言葉を使う時、その向こうには〝創造〟という言葉が意識されている。すなわち、本書で使う発想という言葉には、その前提としての〝思考〟と目的としての〝創造〟がいつも折り重なっている。本節では、思考、発想、創造の違いを、それらの言葉の語源に遡って考えよう。

【思考】

手元にある「角川大字源」（角川書店１９９２年）には次のように書かれている。

思考の「思」は会意形成文字で、意符の〝心（こころ）〟と、意符と音符を兼ねる〝囟〟とから成る。〝囟〟はその後〝田〟という表記に変形したが、その意味は「脳蓋」である。したがって「思」とは「脳の中にある心、また、心の機能」のことで、それが〝おもう〟の意味に用いられるようになった。

だから、「思う」は「心の機能を働かせる」「あれこれ考えを巡らせて思案するという〝おもう〟なのである。

一方、思考の「考」の〝耂〟は〝老〟の省略形、〝丂〟は曲がることを意味する〝丂〟だという。だから「考」は、元来、〝腰の曲がった年寄〟という意味で、それが〝かんがえる〟ことに用いられるようになったという。「亀の甲より年の劫」で〝考える〟のである。

思考とは、語源をただせば「〝脳の中の心、心の機能〟を働かせ」「〝老人〟のように知恵を出したり、深く思いを巡らす」ことと言えそうだ。

ではこの〝心〟はどう働くのか。この問いに人工知能研究の大御所であったミンスキー（Minsky, M. 1927-2016）は「心の社会」[1]の中で次のように述べている。

「一つの意味しかない考えは、一つの方向にしか進まない。したがって、何か間違いがあると考えはそこでストップしてしまう。〈中略〉一方、意味ネットワーク自体の構造は豊かなので、いろいろな方向に考えを伸ばしていくことができる。〈中略〉きちんとした意味構造があれば、ちゃんと働く考えが見つかるまでいろいろな面から案を考え、ものごとを見通せるように、自分の考えを心の中に張り巡らすことができる。そして、このようなことこそ思考という言葉の意味そのものなのである。」

ミンスキーの説明は漢字の「思考」の原義に極めて忠実である。

「〝深い〟思考」とは言うが「〝豊かな〟思考」とは余り聞かない。意味ネットワークを使ってあれこれ考えを巡らす様子を形容する言葉は、〝豊か〟ではなく〝深い〟が相応しいからである。

深く思考するのは、理解や推論や判断、あるいは何かを発想するためでる。思考の目的が「発想」であることが明白な時には、思考を発想と置き換えても違和感はない。「君、ちょっと思考を変えたら。」と言うのは、「君、ちょっと発想を変えたら。」と言い換えられるであろう。発想は〝変え（る）〟たり〝転換する〟のだ。しかし、理解や推論や判断するのは「思考を〝働かせる〟」のであって、「発想を〝働かせる〟」のではない。

「水平思考」で一世を風靡したデボノ（de Bono, E.）は、論理的思考や分析的思考などは同じ穴を深く掘る思考で、これを垂直的思考と呼んだ。垂直的だから〝深い〟という形容詞が当てはまる。

人間の極めて高度な精神活動である脳内の情報処理過程は未だ解き明かされていない。だからその思考のプロセスを外在化させ皆でそのプロセスを共有し、互いの思考を手助けする術がない。また、思考のベースが個々人の経験や知識に大きく依存する意味ネットワークであれば、思考は極めて個人的な精神活動としてしか存在し得ない。〝深さ〟を集団で共有することは困難なのである。だから「集団（による垂直的）思考法」は成立しないのである。

【発想】

発想の「発」は旧字で發と書いた。すなわち〝弓〟と、矢を放った時の「ハッ」という音を表す〝癶〟とから構成され、「弓を放つ」意味だという。そこから「つかわす」「おこる」「あばく」などの意味に用いられるようになった。発想の「発」は「あばく」、つまり「隠れているものを外に出す」「掘り出す」ことである。

発想の「想」は会意形成文字で、意符の〝心（こころ）〟と意符と音符を兼ねる〝相〟とから成る。〝相〟は「目で心の中まで見抜く」という意味だという。「想」とは「心の内まで伺い見る」ことなのである。したがって「想う」は心の中まで見抜いたうえで「思いやる」「思い浮かべる」という〝おもう〟なのだ。結局、発想とは「心の中まで見抜き」「隠れているものを掘り出す」ことである。

思考は〝深い〟と述べた。だが発想は〝深い〟とは言わない。発想は〝豊か〟なのである。「心の見（抜き）方」がさまざまで、たくさんあることを〝豊か〟と形容する。〝深い〟ことに力点があるのではなく、〝豊か〟なことに力点があるのが発想の特徴と言ってよい。だから発想法とは「〝豊かな〟発想をするための技法」なのである。見方をたくさん作るのなら大勢で共同作業することは有用である。それが集団発想法という言葉に違和感を覚えない理由であろう。

デボノの言う水平思考は、別の思考法へ移動することを表現したものである。さまざまなたくさんの思考パターンをひねりだす発想技法が水平思考法なのである。

私たちが思考という言葉を単独で使う時は、垂直的思考が優先されているように思われる。デボノはこの垂直的思考と水平思考の関係を次のように述べている。(2)

「水平思考は垂直的な思考に代わるものではなく、それを補うものであることを忘れてはならない。つまり、両者はコインの表裏のようなものであって、お互いが補い合うという関係にある。水平思考が新しいアイディアを生み出し、垂直的思考がそれを発展させるのである。」

なお、発想という言葉が一般に使われるようになったのは意外と新しい。昭和７年に出版された大槻文彦（１８４７-１９２８）の「大言海」（冨山房）にその項はないし、あの諸橋轍次（１８８３-１９８２）の大著「大漢和辞典」（大修館書店、昭和35年）にも取り上げられていない。広辞苑（岩波書店）の版を遡ると、「発想」という言葉が採録されたのは、第二版（昭和44年）からである。これはＫＪ法（「発想法」中公新書、昭和42年）などの発想法が世の中のブームとなった時期と呼応している。

【創造】

創造の「創」は意符の刀（かたな）と音符の倉（ソウ）とから成る。倉は傷（ショウ）で〝きずつける〟の意味である。したがって「創」は〝刀で傷つける〟ことなのだ。それが〝はじめ〟の意味に用いられるようになった。すなわち「はじめる。はじめて作り出す。はじめて事を起こす」のである。

「造」は音符の〝辵（ゆく）〟と「つく」の意味を持つ音符の〝𠮷（＝就：シュウ）〟とから成る。すなわち「行って席につく」ことである。それが「いたる」の意味となり、さらに「つくる」の意味に用いられるようになった。創造とは「はじめてつくる、新しくつくる」ことだが、「傷つけて」「落ち着かせる（席につく）」という語源は、「切って」「つける／つなぐ」と読める。ヴァン・ファンジェ（Von Fange,E.K.）は、「創造するとは、既存の要素を新しく組み合わせることである。」と述べている[3]。語源に忠実である。唐突な連想ではあるが、「作る」とは「切ってつなぐこと」といつも口にしていた、ロボット研究の草分け、森政弘の言葉[4]が思い出される。

「たとえば原子がつながって分子になる。酸素と水素がつながって水になる。水を電気分解して酸素と水素にもどし、酸素だけを取り出して他の元素にくっつけると別のものができあがる。家を作るということも、木を切ってつなぐことである。作るということが切ってつなぐことである証拠として、大工道具は切るかつなぐかの道具ばかりである。これは大工道具に限らない。ほとんどの工作道具も同様である。

人間関係だって、切るかつなぐかで解釈できるし、言葉や文章、音楽でも同じである。」

森の言葉に則り、創造を「切ってつないで新しいモノをつくること」と言うのなら、大工道具は創造の道具だし、人間関係も創造されることになる。ここまで意味を遡ると、創造という言葉が極めて古い言葉であることに不思議はない。実際、５世紀に編まれたという後漢書に「臣所創造」という記述がある。

本書は発想法について書いた本である。発想法を考える前段として、まずそれに関連する「思考」、「発想」、「創造」の各語源を探った。語源を探ることは思考を深める一技法だとする長沼行太郎の言葉[5]が頭にあったからである。

「語源を知ることによって見えてくるものがある、というのが僕らの一つの態度だった。その背景には起源（過去）を知ることによって現在をも知りたいという期待がある。」

筆者のしたことと言えば、辞書や辞典をただ繰ったに過ぎないが、それでも発想とそれに関連した言葉の使い方や、それぞれの言葉に適切な形容詞などについて整理することができた。

2　創造性、発想法・発想技法

本節では、本書のなかで頻出する〝創造性〟、〝発想法・発想技法〟という言葉の使い方について整理しておこう。

〝創造性〟とは、「過去の知的体験、観念などの連合により、新しいものを生み出す能力」である。知恵（を生み出す能力）とほぼ同義である。ここでの「新しいものを生み出す」とは具体的に、「新しい仮説を設定する」、あるいは「今まで見えていなかった問題を掘り起し提起する」、ことである。この仮説設定／問題提起することが発想（5章の1参照）であり、その発想を促す手順を示した技法が発想法・発想技法である*。すなわち、創造的思考法が発想法・発想技法である。そして、目的や用途、利用する場面などで、それぞれにより有効と考えられるさまざまな発想法・発想技法が考案されている。

本書のT式ブレインライティングは主に集団の創造性／知恵を引き出すための発想法・発想技法である。

＊筆者は発想法と発想技法を同義と認識しているが、本書では従来の文献で慣例的に使われている用法に則りこれら2つの用語を使っている。

3　知恵の時代

ＩＢＭでは、創設当初から〝Think〟という言葉が社是として使われてきた。「どうすれば良い製品が作れるのか」「どうすればお客様が満足できるサポートを提供できるか」を常に〝考える〟こと。そして、そこで生まれた知恵でＩＢＭを前に進める、それがＩＢＭが考える〝Think〟である。

古くは堺屋太一の「知価革命[6]」にあるように、知恵の時代と言われて久しい。未来学者であったトフラー(Toffler,A. 1929-2016)は、「富の未来[7]」の中で、21世紀は知識*が主役の知識経済に大きくカジを切った社会となる、とし、知識は明日の「石油」と述べている。

＊知恵という言葉は単なる知識というだけではなく、それをベースにした創造という意味も含まれている。その意味で、ここで使われている「知識」という言葉はほぼ「知恵」と同義である。

近年のＡＩ技術の進歩は著しく、新しい知恵の創造すらコンピュータが主役になる時代が近い将来実現すると予測されている。それでも、〝新しい何か〟を創りだすために、人間の持つ知恵の重要性は変わらない。その知恵をどのようにして引き出すか、人類の永遠のテーマとして、主に〝発想法〟という名の下で、これまでにも多くの書物が出版されてきた。

4　なぜ集団／組織の知恵か

私たちは天才であれ凡才であれ、それぞれに個性的な能力を持ち、同時に限界がある。だから一人ひとりの能力を引き出し、一つにまとめることができたなら、凡才組織でも天才を超える成果を出すことができる、というのが「三人寄れば文殊の知恵」の意味であろう。実際、創造活動は一般に個人のものとされているが、実は集団や組織の各メンバーが独自の役割を果たしながら、他の者と協力して、一つの目的に向かって仕事を仕上げていく例は日常多く見られる。個人的創造性のみならず集団的創造性もまた存在する。

「これまでオリジナリティというのはパーソナルを根底に置いて言ってきたわけであるが、

パーソナルと言うのが単位としてだんだんなくなっている。個性を個人と結びつけて捉えていたのはルネッサンス期から2～３００年のことで、もっと長いスパンで人類の歴史を考えれば共同体とかコミュニティとか民族のオリジナリティがある。本来オリジナルは複数でもいいし、集団でもいいし、あるいは民族でもいい。[8]」

もちろん、ただ集まればよい知恵が生まれるわけではない。そこに各人の知恵を引き出す何らかのシステムが介在することが必要で、そのような条件を整えることがより良い知恵を生むのである。

「チームワークでは独創性は生まれないが、ひとたび独創的なアイディアがあれば、それを拡大・応用するという点で（集団は）有効であり、実用的な目的に絞って応用する技術開発に特に効果を発揮する。」

と、アリエティ（Arieti, S.1914-1981）は言うが、[9]チームワークによって生まれた新しい応用技術もまた、広義の独創性と言えるであろう。

少し古いが、２０１２年にＮＴＴデータ研究所が調査した結果[10]によると、会議・ミーティング・打ち合わせが企業の全体業務の15・４%を占めるという。会議には報告・連絡会議、意思決定会議、問題発見会議、アイディア出し会議などがあるが、ほとんど議論の無い報告・連絡を除けば原則、どの会議でも出席するメンバーの知恵が求められていると言ってよい。

一方、業務の15%以上を占め、企業活動の方向を決める会議を活性化・実質化し、集団の知恵を引き出すことは重要であるとの認識を皆持っているはずだが、実際には、「無駄な会議が多い」（45・０%）、「会議等の時間が長い」（44・１%）など、会議が集団の知恵を引き出す場とはなっていないのが実情でもある。

理想と現実のギャップを埋める一つの方策が、集団の知恵を引き出す技法の導入である。アイディア発想法がビジネスの現場で広く活用されているのは、それが、誰でも実践でき、知恵を引き出すのに有用な技法だという認識が根底にあるからであろう。

筆者は長年企業の研究所に勤めていたが、研究ではアイディアが勝負である。研究管理者となれば、組織としてのアイディアの生産性向上を図ることも極めて重要な課題であった。本書執筆の動機は、この生産性の向上に極めて有効であったT式ブレインライティングという発想法が、他にも広く活用が可能であると考えたからである。

（1）M・ミンスキー著、安西祐一郎訳、〝心の社会〟、産業図書、１９９０
（2）E・デボノ著、白井實訳、〝水平思考の世界〟、講談社、１９６９
（3）E・K・ヴァン・ファンジェ著、加藤八千代他訳、〝独創性の開発〟、岩波書店、１９６３
（4）森政弘著、〝「非まじめ」思考法〟、講談社、１９８４
（5）長沼行太郎著、〝思考のための文章読本〟、筑摩書房、１９９８
（6）堺屋太一著、〝知価革命 工業社会が終わる・知価社会が始まる〟、PHP研究所、１９８５
（7）A・トフラー、H・トフラー著、山岡洋一訳、〝富の未来〟、講談社、２００６
（8）栗田勇、三枝成彰、福田和也、〝情報社会と芸術〟、COMMUNICATION、第7巻37号、4-11頁、１９９２
（9）日本能率協会編、〝創造力革新の研究：企業における創造力開発の考え方〟、日本能率協会、１９８８
（10）NTTデータ経営研究所、〝「会議の革新とワークスタイル」に関する調査〟、NTTデータニュースリリース、２０１２

第5章　発想法を巡る議論

「発想法」という言葉にある種の抵抗感を感じる人は少なくない。誰もが簡単に使え、容易に知恵を生み出すことのできる打出の小槌など存在するはずはない、と考えているからであろう。一方で新しい発想は、社会の強い要請であり、いろいろな場面で多くの発想法が活用されている。

本章では、この発想法とは何か、発想を妨げる要因は何か、創造的能力とはどのような特性か、発想法は本当に有用か、など、発想法を巡るさまざまな議論をみておこう。

1　仮説形成法（abduction）

人間の文化、文明の歴史は創造の歴史でもある。古代より多くの哲学者たちは、学問の方法論や問題解決の論理的方法について議論を重ねてきた。それらはさまざまな分野における新しい発明や発見を生み出す思考の基盤となり、文明や文化の創造を担ってきた。

問題解決、真理発見のための推論法として、演繹法と帰納法は極めて有用な方法であるが、人間の思考の過程の中にはそのどちらにも属さない推論法がある。それが仮説形成法であり発想法と呼ばれるものである[1]。

演繹法（デダクション：deduction）とは、広辞苑に「前提（公理）を認めるなら、結論もまた必然的に認めざるを得ないというもの。数学における証明はその典型。」とある。deductionの語源は、「解き放つ、分離する」を意味するanalysisであり、分析的なアプローチである。全体が存在し、その部分（要素）を明確化するための推論手法である。従って、トップダウン型の論理的思考過程になる。

帰納法（インダクション：induction）とは、広辞苑に「個々の具体的事実から、一般的な命題ないし法則を導き出すこと。特殊から普遍を導き出すこと。」とある。inductionの語源は、「共に置く、集める」を意味するsynthesisであり、合成的アプローチである。まず部分（要素）が存在し、その親としての全体を最適化するように、構成要素間の相互関係を明確にするための推論手法である。従って、ボトムアップ型の拡張的思考過程になる。

仮説形成法（アブダクション：abduction）とは、「説明的仮説を形成する過程であり、それは新しい概念を導く唯一の論理的操作である。」とパース（Peirce,C.S. 1839-1914）は説く。

abductionの語源は、「閃く、出現する」を意味するemergenceであり、創発的アプローチである。観察された事象・現象とは別の種類の文脈において新しい仮説を創発（発案）する、仮説形成的なヒュリスティック（heuristic）型の思考過程になる。

この仮説形成法は、「事実からは直接観察し得ぬ、別種の事実を閃く」ことを意味し、可謬性は高いが、発見に向いた推論手法である。いわゆる、第六感的な閃きである。帰納法に似た拡張推論であるが、帰納法と仮説形成法の違いは、帰納法が「観察された事実の一般化を行う」だけであるのに対し、仮説形成法は「事実を説明する原理・法則・理論・概念の発見」を行う。また仮説形成法が発見

名称	演繹法（deduction）	帰納法（induction）	仮説形成法（abduction）
手法	論理的な推論	類比推論・発見的推論	
	必然的な推論	拡張的・蓋然的・構成的な推論	
特性	分析的（analysis）	合成的（synthesis）	創発的（emergence）
	結論を立証する	仮説を検証する	仮説を発案する
特徴	仮説の必然的帰結を確定する	観察された事実の一般化を行う	不規則的現象の中に法則を見出す
	一般真理から出発	一般真理を求める	仮説真理を導き出す
	前提が真であれば結論も真	特殊な事例を一般的に拡張	前提とは異なる結論を仮説として算出
語源	解き放つ、分離する	共に置く、集める	閃く、出現する

表５－１　３つの推論手法の特性

しようとするのは、観察された事象・現象とは別の種類の事実であることがしばしばある。また、観察できない事実であることもまたしばしばある。更に、帰納法は「正当の文脈」において、仮説や理論を検証する推論手法である。一方、仮説形成法は「発見の文脈」において、仮説や理論を発案する推論手法である。したがって、帰納法よりは大きく飛躍した閃きや発見を伴う推論手法といえる。だから発想法なのである。

表５-１にこれら３つの推論手法の特性を整理した[2]。

２　発想を妨げる心的障壁[3]

人間は不思議なものに遭遇すると、驚いたり畏敬の念を抱く。未知なものに触れると新鮮な感動を覚える。新しいものに対する探究心は、このような感情が意識下にあり創造性の発現の源になっていると考えられる。この人間の特質は、一般に子供の時に大きく、大人になるにしたがって失われていく。教育を受けることで論理的思考法が身に付き、その対極にある直観的思考が衰えるからであろう。また、大人になる過程で多くの知識を獲得し、それがまた新しい発想の妨げになることもあり得る。

問題を正しく捉え、解法を正しく導き出そうとするのを妨げる「発想を妨げる心的障壁[4]」が存在する。例えば、「物事をステレオタイプで見てしまう」というのは心的障壁の一つである。人は情報を記憶する時に、文章やビジュアルイメージを用いてコンテキストを豊富にして覚え易くしている。後に、問題解決に用いるためにその情報を思い出そうとすると、その情報に付随したコンテキストによって、その情報をステレオタイプ化してしまうという弊害が生じるのである。

心的障壁は、認知的障壁、感情的障壁、社会・文化的障壁の3つに分類される。

・認知的障壁

―物事をステレオタイプで見てしまう。

―何が問題であるかを明確にできない。

―問題領域を狭く捉えてしまう。

―多様な観点から問題を見ることができない。

―記憶容量に限界がある。

―全感覚を用いた思考ができない。

・感情的障壁

―失敗を恐れる。

―アイディアを生み出すより批判したり判断するのが好きである。

―リラックスしてアイディアを温める期間を持つことができない。

―チャレンジする心が欠如しており、または、功を焦る気持ちがある。

―現実を離れて自由に想像することができない。

・文化的・社会的障壁

―タブーを冒さない。

―ファンタジーや心の遊びは子供だけのものという考えがある。

―ユーモアを除外する。

―論理的・定量的・実用的なものが良くて、感覚的・直観的・遊び的なものは悪いという考えがある。

―変化より伝統的なものを好む。

―人それぞれに好みのワーキング環境がある。

―部下のアイディアを採用しない独裁的なボスが存在する。

―電話などの割り込みがある。

―アイディアを実現するための経済的・組織的サポートが欠如している。

発想法とはこのような心的障壁を打ち破り、問題を正しく捉えて解法を導くための技法である。

3　創造力／発想力

創造性に関する実証的研究は１９５０年ころギルフォード（Guilford,J.P 1897-1983）を中心とするグループにより始まった。ギルフォードは、各個人は心理的諸特性を持っており、そのいくつかが創造的能力に関係していると考えた。そしてこの諸特性を測定する種々のテストを考案した。[5][6]

〈問題の例、制限時間は3分〉

問１　次の文「ブナブナでは、チッキイチッキイのゲームは足を使ってやられている。」に含まれている事実や、仮定的に考えられることを考えつくだけ挙げよ。

問２　あらゆる人間が両手に５本ではなく６本の指を持って生まれてくると仮定し、その結果おこり得ることを考えつくだけ挙げよ。
問３　白くて食べられる物をなるべくたくさん挙げよ。
問４　「レンガ」の使用法として思いつくことを全部挙げよ。
問５　「母」という言葉に対して思い浮かぶ言葉を全部挙げよ。

ギルフォードはこうした50種類以上のテストを行い、各テスト間の相関を分析して創造性に関わる因子を抽出した。その結果、創造性の適性の要因として、次の６つを挙げている。

①問題に対する感受性
②発想の流暢性
③発想の柔軟性
④独自性
⑤綿密性
⑥再定義

創造的能力に関係する第一の因子は問題に対する感受性だという。すなわち、個々人はある問題に対してどのくらい感受性があるかに差がある。例えば、二人の研究者が同じ論文を読んだとしても、その論文の中から問題を見抜けるのは一人だけかもしれない。とすれば、この研究者だけがその論文について考察を深め、問題点に対する創造的解決を生み出すチャンスがあることになる。もう一人の研究者は問題があることすら気づかないのだから、創造的思考が生じる余地はない。感受性は問題発見能力であり、評価能力の一部である。発見したことを契機に発想するのだとすれば着想力にも極めて近い。

この特性を測定するために、ギルフォードは「ありふれた所帯道具の名前を挙げさせ、次にそれらの具合の悪いところ、あるいは改良し得るところを列挙させる」テストや、「短い解説文を与え、それによって思いついたことを何でも質問させる」テストなどを考案した。このようなテストでうまくやる人（すなわち、たくさんのことを列挙する人、たくさんの質問をする人）は、ある種の創造的思考にとって重要な特性を持っていると考えたのである。問1と問2は感受性テストの例である。

創造的能力に関する第二の因子は発想の流暢性だという。すなわち、どのくらい容易にアイディアを生み出せるかも個人差があると考えた。与えられた時間内にたくさんのアイディアを生み出せる人、発想の流暢な人は量としての生産性の高い人であるが、それは意味のあるアイディアを生み出すことも併せて期待できる。

そこでこの流暢性を測定するために、「白くて食べられる物や燃える液体といった、ある特性を持ったものの名前を、制限時間内にできるだけたくさん挙げる」テストや、「新しい発明によって、人々は食べる必要がなくなった。その結果どのようなことが起こるかなど、ある陳述から含意されることや推断できることを列挙する」テストなどを考案した。問２と問３は流暢性テストの例である。

創造的能力に関連する第三の因子は発想の柔軟性だという。すなわち、創造的思考には新しい角度から問題に取り組むことが必要で、その能力にも個人差があると考えた。視点や組み合わせの多さという面的な広がりとしての生産性である。

発想の柔軟性を測定するために、「レンガの使用法（建材、重石、飛び道具、等々）を列挙している時に、被験者が反応カテゴリを切り替える頻度を数える」テストなどを考案した。柔軟な発想をする人は、カテゴリを切り替える頻度が高いと考えたからである。問４はこの柔軟性テストの例である。

創造の定義からすれば、創造的思考をする者は独創的ないしは奇抜なアイディアを生み出すことになる。創造的能力に関する第四の因子はこの独創性だという。「発想」の力点が「オリジナリティ」や「ユニークさ」、「新しさ」にある創造性にスポットを当てるなら、発想の中で最も重要な因子である。ただし、アイディアを造り出した本人がオリジナリティやユニークさがあると考えることと、他人（社会）がそれを認めることとは必ずしも一致しない。創造の難しさの一端がここにある。世界を全て知り尽くすことは不可能である。それでも、これまでに無かった新しいアイディアを出す人はたくさんいる。人はそのような人を「センスが良い」と言い、アイディアを生み出した（謙虚な）人は「運が良かった」と言う。

この特性を測定するために、「連想語テスト」の項目に対してありふれたものではなく、かつ、容認され得る反応がいくつあるかを数える」テストを考案した。このテストでは、例えば「机」の連想として「議長」と言う人は、「椅子」と言う人より独創性が高いと採点する。「机」の連想として「議長」と反応する人は、「椅子」と反応するよりも少ないからである。他にも、「レンガや洋服のハンガーのようなありふれた物に対する普通ではない使い方を求める」テストなどが考案された。問4と問5は独創性テストの例である。

第五の因子はアイディアを具体的に完成する道筋を考え工夫する能力、綿密性である。単にアイディアを思い付くだけでなく、社会的に意味のあるモノを作り上げる筋道までを考える思考力を「創造力」の範疇に入れている。もちろん、その思考過程では、また新たな発想が求められる。

そして、第六の因子はそのアイディア、あるいはアイディアから生まれたモノを角度を変えて定義し、異なる目的で利用できる能力、再定義である。椅子は座ることにも、踏み台にも、時にはテーブルとしても、キャスターが付いていれば物を運ぶ荷台としても利用できる。

抽出された創造性に関わる因子項目は、創造性を発揮する人に備わっている能力として妥当であるようにも思える。しかし、テスト内容を子細に見るとこれで創造性能力が測定できるのかとの疑問も生じる。

テストは極めて一般的で、個々の人間の相互比較やある種の能力判定に使えたとしても、その能力はあらゆる対象に発揮できる、という万能性は保障されていない。テストで優秀な成績を修めた創造力の高い人がどんな分野でも高い創造性を発揮することはできないであろう。周りを見回せば、それぞれに得意、不得意があり、皆、得意分野で創造性を発揮している。ワイスバーグ（Weisberg,R.W.）は、天才と言われる人の創造性を分析し、

「（際立った創造性を発揮する）天才の才能は、一般的な特性として存在するのではなく、領域固有に存在している。」

と言う。[7]

著者の周りにいる創造力の高い人達は、ギルフォードの抽出した能力因子を、ある固有の領域において発揮していると思われる。

4 発想のプロセス

恩田彰（１９２５−２０１５）は発想のプロセスを、「着想→発想→構想」と分析している。[8] 記憶の中から意図的または意識しないで有用な情報を見つけることや、どこからともなく飛び込んできた情報に気づくのが着想の段階。いろいろな情報を結びつけ組み合わせてアイディアを展開させるのが発想の段階。そしてアイディアやイメージをまとめ上げるのが構想の段階であり、ここでは論理的な思考が働く。その恩田は、

「創造とはある目的達成または新しい場面の問題解決に適したアイディアを生み出し、あるいは新しい社会的、文化的に価値あるものをつくり出す能力およびそれを基礎づける人格特性。要約すれば、新しい価値あるもの、またはアイディアをつくり出す能力が創造力である。」

と定義している。そして、ギルフォードの創造性の因子を参考にして、創造性を発揮するためのの思考特性として、流暢性、柔軟性、独創性、具体性の４つをあげ、独創性にとっては、アイディアの独自性とそれがどの程度具体的に摑まれているかが重要だと言う。

5　創造性／発想の水準

発想法を駆使して創造した結果は、一般に発明や発見として結実させることが大きなゴールの一つであろう。その発明や発見には、内容が簡単なものから技術的、思想的に大飛躍をもたらすものまで多種多様に存在し、その創造性の水準にもいろいろあると考えられる。恩田は、

その創造性の水準を次の3つに分類している。(8)

第1水準　非分割結合による創造

現にあるものをそのままあるいは多少変えて、新しい目的のために組み合わせて行なう創造。この創造の例としては、ラジオとカセットをそのまま組み合わせたラジカセ、ボールペンとシャープペンシルを組み合わせた多機能ペンなどがあげられる。

第2水準　分割結合による創造

現にあるものを構成要素まで分割もしくは分析し、それらの要素的な機能をそのまま、あるいは多少変えて、新しい目的のために組み合わせて行なう創造。この創造では、分析の対象になったものの固有の機能が、新しく創り出されたものの中に必ずしも含まれなくなり、新しい機能が出現する。この創造の例としては、扇風機の羽根の回転による風向きの分析から、羽根の逆回転を利用した換気扇の発明があげられる。

第3水準　飛躍結合による創造

現にあるものを分析し、再構成するだけでは決して出現せず、まったく別のところからヒント（類比、類推）を借りてくるような飛躍的な創造。この創造の例としては、自動焦点カメラ、衣服に付く植物の種に着想を得て開発されたマジックテープなどの発明があげられる。

一般に、第1水準から第3水準に移るにしたがって、創造に至るまでのハードルが高くなると考えられる。ただし、その創造の結果である発明や発見が社会に与えるインパクトの大きさと、創造性の水準とは必ずしも一致しない。

6　他人の目／他人の視点の重要性

「遍界曾ツテ蔵サズ（へんかいかつてかくさず）」とは、道元が中国の飯炊きの老僧から言われた言葉だという。その言葉を引用しながら研究開発者である渡辺は、

「研究開発の各場面で、我々は物事をみているようでみず、わかっているようでわかっていないと感ずることが少なくない。すぐそばに居ながら見逃してしまったものや、回り道をしてたどり着いたものなど、数多くあり、『どうして、あのとき、これに気付かなかったのだろ

う』と思うことがしばしばある。そして、あの時はよく見えなかったが、振り返ってみると『天の下、なに一つ蔵されていない』と言う言葉を実感するのである。」

と、述べている。[9]

発想法で私たちが求めている知恵は人間社会で活きる知恵である。したがって、社会の現実や人間の行動などをしっかり見据えた上での洞察力がものをいう。しっかり見るためには、明確な問題意識を持っていなければならない。「心ここにあらざれば、見れども見えず、聞けども聞こえず」なのである。この明解な問題意識が、「『見る』と何か違ったものが見えてくる。『聞く』と何か変わった音が耳に入ってくる。『言う』と何か逆の答えが返ってくる。この、違った、変わった、逆のもの、の中から発想が生まれる。」と井上赳夫（１９１４－２００３）は言う。だが、それにも限界はある。『天の下、なに一つ蔵されていない』社会を、皆それぞれの視点でしか見ていない。自分以外の視点では見えないのである。見えなければ洞察力を発揮することはできない。そこに他人の視点を借りた発想の有用性が生まれる余地がある。

一人では気づかないことも、他人の目によってそれが見い出され、より良い結果が生まれることは多々ある。〝三人寄れば文殊の知恵〟の一側面である。皆で議論する意味の根底には、この他人の視点に対する期待がある。そのことはアカデミックな立場で研究も行われている。

二人の人が同じ問題に取り組んでいる時に、その二人はそれまでの成育歴も考え方も違うことから、同じ問題とはいえ、異なる見方をしている。ではそういう二人で仕事をするとどうなるか。二人の分担を観察する実験は、Joint Problem Solving と呼ばれ、認知科学の分野を中心に種々の研究がある。

ここでは、人が集まって何かをする場合、〝他人の目〟の機能について研究した三宅なほみ（１９４９-２０１５）の例[10]を紹介する。

スクリーン上の航空域で所要時間40分以内に26機の飛行機を次々に通過させたり離着陸させる航空管制ゲームがある。飛行場は２つ、操作のためのキーボードも２つある。２人が協力してゲームを進め得点結果を比較した。

大抵の場合、初めは2つの飛行場を一人ずつが受け持ったスクリーンを2つに分割するやり方が効率的だと考えることが多い。ところが実際にやってみると、このような分割するやり方は得点が低い。どちらか一方が一人でゲームをやり、もう一人は後ろから見ていて時々アドバイスをする方が成績は良いのである。

この結果から、「考えるという過程は、まず〝知りたいこと〟の同定に始まり、その解決のために自分の既有知識を総動員して何らかの〝説明〟をつける。次に、その説明が最終的なものとして受け入れられるかを吟味する。

しかし、この吟味の過程は容易ではない。「私が知っていること」「私が正しいと思うこと」は、説明を作り出すために総動員されたはずであり、「説明」は、それらの既有知識、既有概念に照らして整合的なものであるからこそ説明となり得たものであるはずだからである。したがって、既有知識に照らして吟味する限り、「うん、よい、よい。」で終わってしまい、吟味が吟味とはなり難い。このように考えると、「他人の目」の役割は、この吟味の段階で、まさにそれまでは自分の中では入手困難であった見方を提供してくれる所にある。

これが正しいとすれば、他人の目は純粋に他人のモノでありさえすればよいのであって、その質は問わない、ということになる。自分に違う見方を提供してくれる他人が、自分より分かっている必要はないのである。

本当か。三宅は自身の研究を分析した結果、実は正しいのではないかと言う。上記とは別の研究において、二人のやり取りの中で、しばしば自分の定義したレベルで評価すると理解がより浅い者が、より深く理解している相手に向かって文句を言い、しかもその文句によってより深く理解している者が更に先へと理解を進めていくということが生起していたと言う。

航空管制ゲームにおいても、モニター（後ろから見ている野次馬）になるのは、ゲームのエキスパートでなくてもよい。もちろん、初心者がゲームをしている時、エキスパートが後ろから色々助けてくれれば当然初心者の成績はよくなる。しかし、この関係が逆であっても、つまりエキスパートがやっているゲームを初心者が見ていて、「あー、あの飛行機、あんな所に行っちゃったけど大丈夫ですか？」とか、「あっ、今何でそんなことしたんですか？」等々、後ろから邪魔しても、エキスパートが自分一人でゲームをする時よりも成績が良くなる傾向がある、と言う。

科学者だから謙虚に、いずれも少ない人数の観察に基づいた結果なので、安易な一般化はできないとしながら、「『より知っている者対知らない者』『前からずっとその領域を専門としている者対新参者』等々の上下関係を抜きに、『他人は正に他人であるからこそ尊い』と考えてみることは悪くないと思う。皆同じであれば思考はそこで止まってしまう。他人と私は違うからこそ、私は他人の提供してくれる『違う見方』を自分の中に整合的に取り入れるために考え続けることができる。」と言う。

複数の参加メンバーが、目的や価値観を共有し、自律的に目標を達成するための会議なら、必ず一人より多人数で行う方がより実りの多い結論が得られる可能性のあることを示唆している。

7　発想法は本当に役に立つか

発想法は発散技法と収束技法に大別される（6章の1参照）。オズボーン（Osborn,A.F.1888-1966）の開発したブレインストーミングは前者の、川喜田二郎（１９２０-２００９）の開発したＫＪ法は後者の代表的な技法であり広く活用されている。ではこれらは本当に有用な発想法と言えるのか。

【ブレインストーミング】

ブレインストーミングは世界で広く使われている発想法で、その輝かしい成果の例は無数に語られている。

「米国財務省の職員グループは、合衆国貯蓄債券の売り上げを伸ばすためにどのようにして職員をやる気にさせるか、という問いに対して、40分間の間に１０３のアイディアを生み出した。」

「米陸軍の高級幕僚学校における創造的思考の講座で、陸軍の新兵徴募の技法をいかに改良するかという問いについて、30分間で90のアイディアを生み出した。」

など。だが、心理学の研究者の観点からすると、上記のようなブレインストーミングが有効であることを示す事例としてあげられたものは、実は、全く説得力がない、とワイスバーグは指摘する。[7]ではどうすれば説得力を持つのか。

「いかにして大気汚染を抑制するかについて、20人のメンバーがブレインストーミングによって10分間で72のアイディアを出したことがすごいと言えるのは、ブレインストーミングの訓練を受けたことのない同数の人による統制グループが生み出した価値あるアイディアの数がそれに比べて少ない場合だけである。つまり、統制実験をしてはじめてそのメソッドが有効か否かを決定できるのである。統制実験では、2グループの被験者はランダムに選ばれなくてはならず、また解決すべき問題として同一、または同等の問題が与えられなければならない。そして、一方のグループにはブレインストーミングが教示され、他方のグループにはそのような教示は与えないようにする。こうして初めて、教示の重要性について直接的な結論が導き出せるのである。」

オズボーンの挙げている結論はどれも一つのグループでやっただけであり、有効性を証明するために必要なはずの統制グループでは検証されていない。したがって、ブレインストーミングが有効であるか否かの結論を下すことはできない、というのである。そして、これまでの多くの実験では、集団で行った問題解決の方が個人の時より成績が劣っており、またブレインストーミングの4つのルールを事前に教示した場合の方が、教示しなかった場合の方より成績が劣っていた、と言う。だから、

「多くの団体が熱心にブレインストーミングを採用したということは、オズボーンが人々にブレインストーミングが有効であることを説得し得たことを意味するにすぎない。」

と、手厳しい。ワイスバーグはこの技法の問題点を次のように指摘している。

「創造的思考に関してある種の仮定を立てるとすれば、ブレインストーミングは創造性を強化するのに役立つ方法のようにみえることになる。その仮説とは、第一に問題に対して創造的解決が起こるのは、問題に新鮮な観点からアプローチできる時であること（「拡散的思考」が創造性にとって重要であるとする説）。第二にこうした観点を得るためには、多くの野性的アイディアが必要であること。第三にほとんどの人が野性的アイディアを生み出すことに失敗するのは、（生まれたアイディアを）初めからすぐに判断をし過ぎるからであること。これらの仮説に基づくと、もしアイディアを早いうちに判断することを減らすか排除できれば、創造性を強化できるはずということになる。」

ところが、拡散的思考が創造性にとって決定的だとする説は、これまでの種々の実験から間違っていることが示されている（「ろうそく問題」「チャーリー問題」などの実験。詳細は文献[7]）、という。そして、「創造的思考は思考の非凡な形態ではない」、「創造的思考が非凡になるのは、考える人が生み出すものによるのであって、考える人がそれを生み出す仕方による

のではない」と結論づけている。ワイスバーグは世界の天才を分析し、創造性の本質は、

「創造的な所作とは、それまでにあった作品を修正したり精密なものにしたりしてできたものであり、新しい所作とは、思考する人がそれまでにあった作品からゆっくり離れていく時に、小さな段階を経て発展するものである。」

という。「創造」は小さなステップを繰り返しながら進む、という「漸進説」を説く。

「創造性は特別な発想能力でありその能力を引き出す発想法が存在する」、とする立場は、ワイスバーグのような批判にさらされると劣勢である。では、ブレインストーミングを実際に使っている現場ではこの技法をどのように評価しているのか。現場の声である。[11]

「『今度の広告キャンペーン全体をどう組み立てるか』というような問題解決の初期段階、あるいは、途中段階で課題解決に行き詰った時、などでは活用している。技法に対する批判はあるが、利用の仕方でそれなりに役に立つ。」

「量はともかく、質にいいアイディアを生むのにはブレインストーミングは向いていない。

『量が質に転化する』のはまた別の作業現場が必要。」

「ブレインストーミングのような熱中の中から生まれたアイディアには、必ず冷静な検証が必要。」

「発想技法そのものに疑問を投げかけるのは、発想のプロに多い。」

「集団組織の中に発想技法を導入することで『創造的な態度養成』、『協調性』の涵養などの効用もみのがせない。」

本書は発想法の本である。だから、「発想法は本当に役に立つか」というのは本書の存在意義に関わる根源的な問いである。これまで、ブレインストーミングの有用性についていくつかの議論を紹介したが、最後に筆者の立場を述べよう。

1．本気で思考させる環境作りが鍵
2．集団の中に異質の情報が潜んでいる
3．あくまでヒント
4．総ての人に有用ではないが、うまい使い方はある

1．はどのような技法でも、集団発想法には集団であるがゆえの参加メンバーを本気にさせる仕組み、構造がある。その仕組み、構造を最大限に活かせるか否かが、この技法が有用となるか否かに直結する。本気にするには強いインセンティブが必要である。集団でやることは、組織人としての見栄やライバル意識とかが作用することがある。それは時に「見せるブレインストーミング」になったり、「大言壮語大会」になって意味のない発想会議になる、との指摘もあるが、それはそれでよいと考える。

主催者はテーマや目的の提示法を事前に十分に練り、参加者はそれを聞いてその趣旨を理解した上での発想会議であれば、あとは飛び跳ねた発想は歓迎である。それこそがブレインストーミングである。「これは面白い」とか「すごいね」と言われて調子に乗る人は、それがポジティブフィードバックとなって思考が循環するであろう。他のメンバーはどんどんアイディアが出ている時、なかなかアイディアが浮かばない人は必死になって考える。そんな時、火事場の馬鹿力でよいアイディアが生まれることがある。

本気になるなり方は人さまざまである。集団の特性が本気を引き出す環境に有効に作用する場合があり、それが集団で行う会議の持つ意味の一つである。その中にあってリーダーの果たす役割は極めて大きい。ワイスバーグが指摘するように、ブレインストーミングが優れているか否かは統制実験によって判定しなければならない。しかし、アイディアを必死に出さなければばならない実際の現場から見ると、実験で現場と同じような〝本気〟をどのようにして実験の場に持ち込むのか、その難しさを感じている。

２．ワイスバーグは創造性の「漸進説」を説く。急にジャンプするような大きな発想（洞察の飛翔）の「アハー」を否定する。大きな飛躍は、小さな「アハー」の集積の結果、という説には説得力がある。

その小さな「アハー」に至ったきっかけは、「問題に取り組んでゆくにつれて入手できるようになった新しい情報」によってであろう。とすれば、そのきっかけとなる情報をどのようにして入手するかが問題となる。「問題を取り組んでゆくにつれ」とは、その情報を活かせる状況にならなければ、たとえそれが身近にあったとしても「猫に小判」、との意味である。また、情報を活かすには、意欲や問題意識が不可欠である。

これは、１．で述べた、〝本気〟の一側面である。問題意識のある人が異質の情報に触れることは、何か有用なヒントとなる可能性が十分にある。アインシュタインが黒板の前に立っている写真がある。彼は人と話しながらアイディアを黒板に書き構想を具体化していたという。異質で多様な情報が潜む集団の中で着想が芽生えることに、それほど違和感はない。三宅の「他人だから尊い」という言葉は重い。異質の情報をどこまで活かせるかは、それぞれ個人の力量に依存するのは当然である。

3．しかし、多くの人が指摘しているようにブレインストーミングは深く考えることには向かない。言葉のキャッチボールの最中に、沈思黙考はタブーだからである。発想のきっかけとしてのヒント作りなら、ブレインストーミングの最も得意とするところである。ヒントを得たら、あとは一人一人の思考の中でアイディアを深めてもらうしかない。

4．人の力を借りなくとも、発想力が極めて豊かな人はいる。発想のプロである。このような人たちに発想技法の類は無用である。集団を本気にさせる仕組みに乗れない人がいる。そのような冷めた人にこのブレインストーミングは期待するような効果は期待できない。しかし、他の多くの人には、荒川のいうように「ワイワイガヤガヤ」も結構役に立つ、というのが実感である。

【ＫＪ法】

ＫＪ法は文化人類学者である川喜田二郎が、野外調査のデータから学術的な仮説を組み立てる方法として考案した。最初にこの技法を紹介した「パーティ学」（社会思想社、１９６４）

では、「紙切れ法」となっていたが、その後ＫＪ法と命名された。学術研究の手法として活用されている点では固い技法と言える。

「ＫＪ法の原理は非常に重要なことだということはわかっていた。しかしそれは、昔から多くの人が頭の中で実践してきたことなのである。別に珍しいことではない。ＫＪ法のユニークなところは、これまでは個々人の頭の中で進められていた意識内のプロセスを意識の外に出して一種の物理操作に変えてしまったことにある。

『頭に中であれこれとりとめもなく考える』というプロセスを、さまざまな概念を記した紙片をあちらに動かしたり、こちらに動かしたりという物理的運動に変える。それによって、これまで個々人の頭の中という無形の作業空間でしかなかったものが、一つの物理的作業空間を得ることによって、集団作業が可能になる。作業手順が定型化することで、万人向けのシステマティックな方法論が確立する。

以上のようなことが、ＫＪ法の利点としてあげられているが、私はこれは利点ではないと思う。これが利点となるのは、頭が鈍い人が集団で考える時だけである。[12]」

鋭い論評で知られる立花隆のＫＪ法への評価は厳しい。ではＫＪ法はなぜダメなのか。

まず第一に、

「だいたい、意識の中で行われる無形の作業を物理的作業に置き換えると、能率がガタ落ちする。作業に必要な時間が比べものにならないくらい増えるからである。まじ十分の一に低下することは間違いない。」

人間の脳はずさんにできているが、普通以上の頭脳なら、それは極めて柔軟性に富み、無意識層には、データやプログラムが無限に内蔵されている。だから、この無意識層に広がる巨大な潜在力を、もっとあるがままに尊重する方がずっと効率的、と言うのである。

第二は、

「能率ガタ落ちという点では集団的にやることも同じである。二人三脚は一人で走るより必ず遅い。互いのテンポが合わず、お互いに相手を妨害してしまうからである。単純な肉体労働をたった二人で一緒にやる場合ですらそうなのである。考えるというより複雑かつ高度な精神活動を多数の人が歩調を合わせてやるなどということが、スムーズにいくわけがない。皆で足を引っ張り合う結果になることは必定である。歩くことがそうであるように、考えるということは、本来個人的になされるべき作業なのである。本来個人的になされるべき作業を集団化すれば、デメリットが出てくるにきまっている。」

考えるのは個人的作業、それを万人向けの作業手順で集団化すればデメリットが出てくるのは必定、というのだ。

これに対して深川は反論する。(11)

「立花さんのように、すでに何冊もの著書を著した、情報集めや発想のベテランと、発想などというものに余り慣れていない人の場合とは、おのずと違うのではないか。」

「ものを考えるということは、本来、個人に属する作業であるとは言うものの、一人で（あるいは少人数の協力者がいたとしても）情報を収集・吟味活用し、それを一冊の本に仕上げる作業と、たとえば、何人もの人間が共同作業によって、大型プロジェクトに取り組むといった場合とでは、これもまた方法論や作業の進め方が違ってくる。」

「つまり、発想のビギナーや知識・経験・理解力などの異なる人々による共同作業などには、それぞれの人が目に見える形で、そこにシステマティックな方法論があった方が、少なくとも作業全体は、スムーズに進むのではないか。」

「闇雲に『無意識層に広がる潜在力』だけをたよりに『右往左往』するより、不完全とはいえ、マニュアルや技法があったほうが、作業を前に進めてゆくための手掛かりくらいはつかめるだろう。」

と反論している。発想のプロではない著者は、深川の立場により近い。

【技法の限界と利用の仕方】

技法には限界があるし、うまく使ってこその技法である。

類比をヒントに発想を展開するNM法の開発者である中山正和（1913-2002）は、

「こういう『技法』には共通の弱点を持っています。つまり、その技法を使ったら必ず創造的思考ができる（アイディアが出せる）という保証はないということです。創造者は自分で有効だと思うから人にそのやり方を勧めるのですが、人は必ず自分と同じ考え方をするとは限らないのです。[13]」

と、述べている。前述の立花は「自分で自分の方法論を早く発見しなさい。」と言い、深川は「やってみて役に立たないと思ったら捨てればいい。」と言い、「知的生産の技術[14]」の著者、梅棹忠夫（１９２０-２０１０）は、「知的生産活動に必要な技術を身につけることは、『能率の問題』であるというより『精神衛生の問題』であり、『秩序と静けさ』が欲しいからである。」と言っている。

本書の中で繰り返し述べているが、どのような技法であれ、それは各人の置かれた文脈に合うよう使い込みながら工夫し自分流に改良して真に役に立つ形にすることが必要である。ブレインストーミングを変形／改良した例は3章の1に示した。ブレインライティングを変形／改良した例は3章の5にある。これらは、いずれもブレインストーミングやブレインライティングの原形を自分たちの仕事に役に立つようにしたものである。

６３５法と言われたブレインライティングを、実践の中で筆者にとって役に立つ形に変形したのが、Ｔ式ブレインライティングである。本書で開示する筆者のノウハウをベースにして、読者が自分流にアレンジして〝使える〟発想法を創り、それを仕事で大いに活用して欲しい。

(1) Ｎ・Ｒ・ハンソン著、村上陽一郎訳、〝科学理論はいかにして生まれるか〟、講談社、１９７１

(2) http://www・pmaj・or・jp/online/1008/hitokoto・html
(3) 田中一男、私信
(4) J・L・Adams, "Conceptual Blockbusting: A Guide to Better Ideas・", Addison-Wesley, Massachusets, 1986
(5) J・P・Guilford, "Personality・", McGraw-Hill, New York, 1959
(6) 北川敏男編、〝創造工学〟、中公新書、１９７１
(7) R・W・ワイスバーグ著、大浜幾久子訳、〝創造性の研究〟、メディアファクトリー、１９９１
(8) 恩田彰他著、〝創造性の開発〟、講談社、１９６４
(9) 渡辺貞一著、「研究開発に想う」、電子情報通信学会誌、第76巻11号、１９９３
(10) 三宅なほみ著、「協調的な学び」、佐伯胖監修／渡部信一編集、〝「学び」の認知科学事典〟、大修館書店、２０１０
(11) 深川英雄著、〝発想語典〟、電通、１９９０
(12) 立花隆著、〝「知」のソフトウェア〟、講談社、１９８４
(13) 中山正和著、〝創造工学入門〟、産能大学出版部、１９９２
(14) 梅棹忠夫著、〝知的生産の技術〟、岩波新書、１９６９

第6章　さまざまな発想法

ある発想法を使って新しいアイディアを考える時、発想のステップの中で他の色々な発想法の考え方や技法を利用していることも多い。本章ではまず、発想法全般について概観した後、著者がT式ブレインライティングを実践する時、特に活用している発想法とその使い方について述べる。

1 発想法総論

発想法の歴史[1]

発想法は古代より、真理を導く論理的な思考法として賢人たちの主要なテーマであった。例えばアリストテレス（Aristotelēs　紀元前384-322）は自然学短編著作の一つ「自然学小論集」の中で、発想のきっかけを作る連想には、

・類似律
・接近律（時間接近、空間接近）

・対比律

の三大連想律があるとした。

アリストテレスはまた、学問の方法論を論じた「オルガノン」の中で、問題解決の論理的方法として、演繹法（deduction）、帰納法（induction）、そして仮説形成法（abduction）を挙げている。[2] 前２つの演繹法と帰納法についてはその後大きく発展したが、仮説形成法が発想法として取り上げられ議論されるようになったのはパース（Peirce,C.S. 1839-1914)以降である（５章の１参照）。

パースの考え方をさらに展開させたのがハンソン（Hanson,N.R. 1924-1967）である。ハンソンはケプラーが火星の軌道が楕円であるという考えに至った過程を分析し、それが演繹法や帰納法によるのではなく、パースの主張する仮説形成法によるものであるとした。そしてハンソンは、新たな仮説を提起する方法として、類比的考察、対称的考察、典拠への訴え、の３つを唱えた。[3]

ハンソンの主張は、従来、天才とか啓示などとして扱われていた〝創造〟を、論理的に問い直す試みであった。仮説設定、あるいは問題提起こそが発想、創造なのである。

ワラス（Wallas,G. 1858-1932）は発見の過程には次の4段階があると考えた。[4]

(1) 準備期（検討）
(2) あたため（孵化）期（無意識）
(3) インスピレーション期
(4) 検証期（明確な思想の完成）

ある事実の発見ということは、認知あるいはものの関係を確認することである。カムフラージュは認知ができないように、そのものと周囲のものと一様な関係の中に隠してしまうことである。これは、見方を変えるとか、何らかの手掛かり（例えば、幾何学問題を解く時の補助線）を発見しなければ難しい。このように、問題に対する見方を変え問題の意味（本質）を理解する過程を、ゲシュタルト心理学のウェルトハイマー（Wertheimer,M. 1880-1943）は「中心転換」と呼んだ。[5] これは、経験で得た既知の手掛かりや方法を、新しい形に変更して適用することである。これが「生産的思考」、「創造的思考」である。

このようにして、20世紀前半に発想や創造、創造的思考に関する論理的な基盤が形成された。

１９５０年頃になると、ギルフォード（Guilford,J.P 1897-1983）を中心に創造性の因子分析の研究（５章の３参照）が始まり、創造あるいは創造性に対する心理学的な研究が活発化した。

一方、20世紀半ばになると、産業の急激な発展に伴ない、創造性の開発は社会の強い要請となった。その要請に応えるため、創造性の開発、発現を有効に導くための技法が開発されるようになった。

オズボーン（Osborn,A.F. 1888-1966）は、ブレインストーミングを１９３９年頃から試験的に使い始め、１９５３年にそれまでの成果をまとめて出版した。[6] また、ゴードン（Gordon,W.J.J. 1919-2003）は創造性発現過程の研究をベースに創造性開発のための集団討議に応用するシネクティクス[7]を、ヴァン・ファンジェ（Von Fange,E.K.）はジェネラル・エレクトリック社の技術者教育のために創造工学のプログラム[8]を開発するなど、多くの技法が考案された。

日本での創造性に関する研究は、園頼三の「芸術創作の心理」（１９２２）に始まる。

その後、黒田亮の「勘の研究」（1933）、板倉善高の「発明する心理とその方法」（1941）、宮城音弥の「発明・発見」（1942）などが出版されている。

そして、オズボーンやゴードン等と時期を同じくして、1955年、市川亀久弥（1915-2000）は創造理論および技法である「等価変換理論」を発表した。[9] また、川喜田二郎（1920-2009）のKJ法も開発され、日本でも発想法は大きなブームとなった。なお、川喜田はKJ法をまとめるきっかけとなった野外科学を実験科学と区別し、野外科学の研究のプロセスを、問題提起─探検─観察─発想、とした。そして、このプロセスの中で位置づけられた〝発想〟は、パースの主張する仮説形成法であると述べている。

時代の要請を背景に、多くの発想法の原形はこの時期にほとんど集中している。その後はそれらの技法を使い込む中でさまざまに変形した発想法が生まれた。

発想法の分類整理

5章の2で述べた心的障壁を打ち破り、問題を正しく捉えて解法を導くための各種発想法が開発されている。細かく数えると、活用されているものはその数が300種以上にのぼるという。

主要な発想法は、「発散技法」と「収束技法」に大別される。前者は、試行錯誤的な発想を行う時に用い、課題解決のために多様な視点から問題点を抽出したり、解決策を生み出すための発想法である。後者は、答えを引き出す、つまり重要な問題点とか解決策をまとめるための発想法である。

●発散技法

発散技法を用いて発想する時は、ブレインストーミングに限らず、次のルールを念頭に置いて進めることが大切である。中でも特に重要なのは「判断延期」である。

1. 判断延期：発想したアイディアの良否をその場で判断しない。すなわち、「発散思考」でアイディアを出している時には、「収束思考」で評価やまとめをしない。
2. 自由奔放：どんな発想も受け入れる。
3. 大量発想／質より量：どんな発想でもまずは大量に発想することが重要。
4. 広角発想：多様な視点で発想する。

5．結合発展／結合改善：他人の発想をヒントに組み合わせてさらに発展させる。

発散思考を用いて事実やアイディアを出す主な発散技法は以下の通りである。(10)

ー自由連想法

・**ブレイン・ストーミング**

4つのルール（批判の禁止、自由奔放なアイディアの奨励、質より量の奨励、他人のアイディアの組み合わせ・修正・便乗の奨励）を守って自由に発想する技法。

・**ブレインライティング**

指定の記入シートに、まず自分のアイディアを記入し、その後、記入シートを回しながら、前の人のアイディアに関連付けてアイディアを広げてゆく技法。

ー強制連想法

・**特性列挙法**

対象物を属性（特性）に分解し、名詞的属性、形容詞的属性、動詞的属性ごとに列挙し、それぞれに着目して発想する技法。

・**チェックリスト法**

既存のアイディアを一ひねりすることを意識的に進めるため、あらかじめ用意されたチェックリストの各項目（組み合わせてみては？　要素を入れ替えてみては？　反対にしたり順序を入れ替えてみては？　など）を当てはめながら思考を展開する技法。

・**形態分析法**

問題に関するパラメータを選択し、それらの項目のさまざまな組み合わせから、その可能性を考えることによって発想する技法。

・**入出力法**

入から出へ、発散と収束を繰り返し、強制的に発想する技法。

｜類比発想法

・**等価変換法**

異なる二つのもの（たとえばＡとＢ）の間に等価的なもの（共通点や類似点）を見つけ出し、それを手がかりに思考の流れをＡからＢへ変換させることによって発想する技法。

・**ゴードン法**

ファシリテータ（司会者）は本来の課題を把握しているが、初めは参加者に本当の課題を明示せず、より幅の広い抽象的なテーマのみを与えて行うブレインストーミング。

・NM法（シネクティクスなど）

問題の本質を表すキーワードからアナロジーを発想し、そのアナロジーの背景を探り、さらにその背景事項を手掛かりにして問題解決のヒントを導き出し、解決案を発想する技法。類比には、直接的類比、擬人的類比、象徴的類比の3つがある。

●収束技法

発散思考などで出た事実やアイディアをまとめ上げる時に用いる。主な収束技法は以下の通りである。

ー空間型法

・演繹法（図書分類法など）

原則から特定の事実を推し量る。①大前提→②小前提→③結論というロジックが演繹法の基本で、典型的な事例が図書分類法。

・帰納法（KJ法、親和図法、7×7法、クロス法）

具体的事実から原則を導き出す技法。代表的なKJ法は、新しい仮説を発見するために、積極的に拾い集めた多様なデータを、概念と関係を用いてグループ化し統合することにより、イメージを組み立てる技法。

－系列型法

・因果法（特性要因図法、因果分析法）

関連する問題点を因果関係で整理する図法／分析法。

・時系列法（ＰＥＲＴ図法、ストーリー法）

時間の流れに沿って構造や手順を明確にする技法。

●その他の技法

発散技法、収束技法の他にも発想法には様々な技法がある。

－統合技法：発散技法と収束技法を統合した技法

・ワークデザイン法

本来果たしたかった目的を再定義し、その目的を果たす新たな仕組み（システム）を構築することによって、問題の解決を図っていく演繹的発想技法。

・ブリッジ法

現状の問題点を問題把握図として構造化して原因を探り、その解決に向けて課題を設定し解決を図る技法。

―態度技法：問題解決に備えて創造的な態度を身につける技法

・瞑想型法（催眠、自律訓練法、禅、ヨガ）
・交流法（カウンセリング）
・演劇型法（心理劇、ロールプレイング）

表6―1に主な発想法を分類整理した。

2　T式ブレインライティングで活用する発想法のヒント

ある発想法を使って新しいアイディアを考える時、発想のステップの中で実は他の色々

<table>
<tr><td rowspan="3">発散技法</td><td colspan="2">自由連想法</td><td>ブレインストーミング（ＢＳ）、ブレインライティング、カードＢＳ　など</td></tr>
<tr><td colspan="2">強制連想法</td><td>特性列挙法、チェックリスト法、形態分析法、入出力法　など</td></tr>
<tr><td colspan="2">類比発想法</td><td>等価変換法、ゴードン法、ＮＭ法、シネクティクス　など</td></tr>
<tr><td rowspan="4">収束技法</td><td rowspan="2">空間型法</td><td>演繹法</td><td>図書分類など各種分類　など</td></tr>
<tr><td>帰納法</td><td>ＫＪ法、親和図法、７ｘ７法、クロス法　など</td></tr>
<tr><td rowspan="2">系列型法</td><td>因果法</td><td>特性要因図法、因果分析法　など</td></tr>
<tr><td>時系列法</td><td>ＰＥＲＴ法、ストーリー図法　など</td></tr>
<tr><td colspan="3">統合技法</td><td>ワークデザイン法、ブリッジ法　など</td></tr>
<tr><td colspan="3">態度技法</td><td>瞑想型法、交流法、演劇型法　など</td></tr>
</table>

表6－1　主な発想法の分類

な発想法の考え方や技法を利用している場合が多い。本節では、筆者がT式ブレインライティングを実践する時に特に活用している発想法とその使い方について述べる。

T式ブレインライティングで活用する〝多様な視点〟

T式ブレインライティングでは、冒頭、主催者がブリーフィングを行う。このブリーフィングはT式ブレインライティングでアイディアを集める会議のスタートであり、主催者の意図がどこまでアイディア提供者に伝わるか、そして発想を誘発する琴線を刺激できるかを左右する極めて重要なプロセスである。

具体的には、課題をシャープに提示・説明すること、課題に対するアイディアに求める要求条件を明示すること、アイディアのヒントなどである。それによって、アイディア提供者の実のある発想を促し、アイディアがより深く、主催者の意図を汲みながら多様な方向に展開することが期待される。

課題の提示、アイディアに求める要求条件の明示やアイディアのヒントには、発想法の中にある視点の整理技法が極めて有効である。

「考えることが単に過去の経験的知識を利用して課題を解決することだけだとすれば、それは馬でもすることであり、人間に特有なものとは言えないだろう。」

と、宇津木保（1911-1999）は言う。[11] その言葉に続けて深川は発想について次のような論を展開している。[12]

「新しい問題の解決を迫られた時、私たちは、その解を過去の経験、知識に求める。しかし、経験によって問題を解くとは、心理学でいう『再生思考』です。

先にも触れた通り、あまり過去の経験にとらわれ過ぎると、一定の枠を超えることが難しく、新しい解はなかなか得られません。そういう枠を飛び越えて、より水準の高い解決を得るためには、やはり、『生産的思考』『創造的思考』が必要なのです。

そして、『生産的』『創造的』思考の特徴は、何と言っても、ものの見方、考え方を変える『着想の転換』が第一です。」

そして、その着想には、

「比喩や連想、類比といったことが大切な役割を果たすが、ここに特長的なことがある。それは比喩や連想、類比といったことが行われるためには、そこに、何か手掛かりになることが必要だということだ。」

人間の脳の神経細胞は高々一千億個、仮に神経細胞一つを1ビットとしても脳全体で12ギガバイト程度の容量である。また、処理速度も高々100Hz程度でしかない。[*] このように機能が限られた状況（リソース制限）の下で、目の網膜に映る2次元の画像情報から3次元（立体）情報を脳の中で作り出す。[**]

*手元にあるスマートフォンでは、内蔵メモリ容量が32ギガバイト、クロック周波数が2・2ギガHzである。

**これは3次元情報を作るのに必要な情報が欠如しているので「不良設定問題」である。

脳は、環境について学習し、環境知識、すなわち「思いこみ」に基づいて情報処理をすることで、リソース制限を解決し、不良設定問題を解消している。一方、この「思いこみ」は多くの錯視や錯覚を生み出している。

視覚の情報処理だけにとどまらず、私たちは、人間が生きるために身に付けたさまざまな〝思いこみ〟、教育歴や文化などを通じて身につけた常識、年齢や性差に依存するモノの見方など、無意識のうちにある種の考え方、モノの見方が固定化されていることが多い。ベーコン（Bacon,F. 1561-1626）は、このような先入観や偏見には4つのイドラがあると説いた。[13]

・**種族のイドラ（自然性質によるイドラ）**
人間の感覚における錯覚や人間の本性にもとづく偏見で、遠くにあるものは小さく見えることなどが挙げられる。

・**洞窟のイドラ（個人の経験によるイドラ）**
各個人の性癖、習慣、教育や狭い経験などによってものの見方が歪められることを指す。「井の中の蛙」である。

・**市場のイドラ（伝聞によるイドラ）**
言葉が思考に及ぼす影響から生まれる偏見。噂話から、有り得ないことを真実だと思い込むことなどである。

・**劇場のイドラ（権威によるイドラ）**
権威や伝統を無批判に信じることから生まれる偏見。偉い人の言うことは総て正しいと思いこむことなどは、これにあたる、繰り返し述べてきたように、このような思いこみが全て悪いわけではない。さまざまな社会環境の中で生きるために身に付けた人間の知恵である。しかし、〝発想〟の場面ではそのことが障壁となって、発想に必要な手がかりを隠蔽し、発想を阻害することになる。

〝発想〟では、固定化された見方や考え方の殻を破り、視点／着眼点を恣意的に多角化／多様化することが極めて重要である。発散技法を、着想に必要な手がかりとなる〝多様な視点作り技法〟の観点で捉え、ブリーフィングの中に取り入れる。Ｔ式ブレインライティングの主要なポイントの一つは、他人の〝視点／着眼点〟を起点にして強制的に発想することにある。視点／着眼点をどのようにして作り発想を広げるか、以下、筆者が活用している発散技法を取り上げ解説する。

●５Ｗ１Ｈの視点

５つのＷと１つのＨは、英国の作家、詩人で「ジャングル・ブック」の著者、キップリング（Kipling,J.R. 1865-1936）の詩が出典と言われる。

I keep six honest serving men

(They taught me all I knew);
Their names are What and Why and When
And How and Where and Who.

いつ（When）、どこで（Where）、誰が（Who）、何を（What）、なぜ（Why）、どのように（How）したかは、新聞記事の基本を構成する。記者として活躍したこともあるキップリングは、この〝6人の正直な召使い〟を駆使して、理路整然とした記事を書きあげていたに違いない。

〝6人の召使い〟は、物事を網羅的に考える時の「視点」を与えている。

ブリーフィングでは、この5W1Hの視点で求めるアイディアの適用場面や方法を事前に示すことが有用なアイディアを誘発する。

●特性の視点

強制連想法の一つに、クロフォード（Crawford, R.P.）により開発された特性列挙法がある。[14] この特性列挙法は、もともと製品の改善・改良の技術的な問題に適用するために開発された発想法である。上野陽一はその特性を次の3種類に分類している。[15]

1．名詞的特性：全体、部分、材料、製法など
2．形容詞的特性：性質、状態（形、色、デザインなど）
3．動詞的特性：機能（そのものの働き）

T式ブレインライティングでは、視点の違いによって新たな発想を生み出すことが大きなポイントとなっている。テーマが〃モノ〃である時などでは、対象物の特性を洗い出して特性を整理してブリーフィングで視点を提示することは極めて有用であった。これはテーマを具体的に示すことであり発想の量、質の向上に有効に働く。

●類比の視点

テーマに関係する類比の例を示して発想の足掛かりを提供する。単に形状や色などが似ている表層的な類似とは異なり、類比は、「テーマの持つ本質的な機能や本質的な特性で似ているもの、コンセプトが似ているもの」を指す。

ゴードンは類比発想に用いる視点として次の３つを挙げている。[7]

1．直接的類比：直接似たものをヒントに発想する。
2．擬人的類比：テーマそのものになりきって発想する。

3．象徴的類比：テーマをシンボリックに表現し発想する。

この技法では、テーマの本質を押さえることが極めて重要となる。良いキーワードが良い類比を生み、良いアイディア誕生につながっていくからである。キーワードの多くは、動詞や形容詞であることが多い。まずは多くのキーワードを書き出し、その中から選ぶと適切なキーワードが選択できる。相対比較は一人でも実行可能な適切なキーワード抽出の方法である。

類比の例を探す時には、テーマからなるべく離れたものを探すことに留意する。テーマから離れれば離れるほど、テーマに囚われないアイディアが生まれる可能性が高くなるからである。

一般的に類比の発想は難しいとされているが、研究開発などの分野では類比による発想から多くの製品が開発されている。T式ブレインライティングのブリーフィングでは、テーマに関する類比の例を示すことによって、本質に遡ってアイディアを発想する一助として使っている。

著者は長い間研究開発の仕事に携わってきた。研究開発で求められることは、研究や技術の進歩性と新規性である。それまでの知見や技術をベースにしながら、この進歩性と新規性を創出する。研究開発の方向性、対象とする分野、さらには個々人の特異性に大きく依存するが、どうやって進歩性、新規性につながる発想をするかは成果に直結する。

研究開発に限らず、〝アイディアマン〟は色々な分野で活躍している。そのアイディアマンは日ごろから情報を集め勉強を怠らない。そして、(陽にそれを意識しているか否かは別としても）それぞれに独自の発想法を持っている。当然、発想会議では、会議参加メンバーの資質が会議の成否を握っている。

アイディアマンと言われる人が良く使っている発想法を次に紹介する。

●TRIZ＊

ロシアのアルトシュラー（Altshuller,G. 1926-1998）は膨大な量の特許のデータを分析・整理し、新しい発想を得るための法則を40のパターンにまとめた。[16] 特許がベースになっていることから分かるように、主に、技術者、研究者が本手法の利用対象者である。

＊ＴＲＩＺは、「発明問題解決の理論」という意味のロシア語名称の略号を英語綴りにしたもの。

テーマを決めたら、そのテーマを下記の40のパターンをヒントに新しいアイディアを発想するのである。もちろん、テーマによっては、初めから不適切な項目もある。

1. 分割原理：分割したらどうか？
2. 分離原理：別のところに移す、選別したらどうか？
3. 局所性質原理：一部を変更したらどうか？
4. 非対称原理：非対称にしたらどうか？
5. 組み合わせ原理：結合、連結したらどうか？
6. 汎用性原理：他でも使えるようにしたらどうか？
7. 入れ子原理：中に入れたらどうか？
8. つりあい原理：バランスをよくしたらどうか？
9. 先取り反作用原理：反力を与えたり不具合を相殺したらどうか？
10. 先取り作用原理：必要なことを予め準備したらどうか？
11. 事前保護原理：バックアップやリスクを考えておいたらどうか？

12. 等ポテンシャル原理：同じ高さにしたらどうか？
13. 逆発想原理：逆にしたらどうか？
14. 曲面原理：立体的にしたらどうか？
15. ダイナミック性原理：臨機応変に処理したり自由度を上げたらどうか？
16. アバウト原理：おおざっぱにしたらどうか？
17. 他次元移行原理：立体的にしたり多面的に変えてはどうか？
18. 機械的振動原理：振動を与えたらどうか？
19. 周期的作用原理：繰り返しにしたらどうか？
20. 連続性原理：継続的に続けたらどうか？
21. 高速実行原理：高速で実行したらどうか？
22. 災い転じて福となす原理：マイナス点からプラスを引き出せないか？
23. フィードバック原理：確認したり見直してはどうか？
24. 仲介原理：接続部を強化したらどうか？
25. セルフサービス原理：自分で行なうようにしたらどうか？
26. 代替原理：コピーしたらどうか？
27. 高価な長寿命より安価な短寿命原理：すぐダメにはなるが安いものを作ったらどうか？

28. 機械的システム代替原理：別のシステムを使ったらどうか？
29. 流体利用原理：流体を使ったら（にしたら）どうか？
30. 薄膜利用原理：薄い膜を利用したらどうか？
31. 多孔質利用原理：通気性を上げたり大表面積化して利用したらどうか？
32. 変色利用原理：色を変えたらどうか？
33. 均質性原理：質を均一したらどうか？
34. 排除／再生原理：排除したらどうか？再生させたらどうか？
35. パラメータ原理：形や条件を変更したらどうか？
36. 相変化原理：個体を液体・気体にしたらどうか？
37. 熱膨張原理：熱を加えてふくらませたらどうか？
38. 高濃度酸素利用原理：酸素濃度を上げたらどうか？
39. 不活性雰囲気利用原理：反応しないものを入れたらどうか？
40. 複合材料原理：違う質のものを組み合わせたらどうか？

研究開発の分野で多くの成果を生み出す人は発想の引き出しが多い。一方で、大きな成果をもたらした発想パターンに引きずられて、次のアイディアが出てこないこともある。ＴＲＩＺ

は発想のパターンを網羅しており、日頃使っているパターンが多く含まれてはいるが、時々見直すと新たな視点を発見することがある。長年研究開発に従事している人たちは、その経験に基づく色眼鏡を掛けているとも言える。ＴＲＩＺはその色眼鏡を外すためのツールでもある。T式ブレインライティングで研究開発に関わるアイディア出しのために招集したメンバーは、種々の発想パターンを使いこなしてる人たちであった。

●チェックリスト法

何かを考える時、問題を正しく捉えようとしても、本人が気づかぬままに、その視野や思考を限定してしまうことが多々ある。その結果ある範囲の中でしか問題を見ることができないこととなる。

そこで、発想の視点をチェックリストとして作り、広く様々な角度から解決のアイディアを見つける手法がある。発想のチェックリストで最も有名なのがオズボーンの９つのチェックリストである。(6)

1．Other uses／転用：他の用途を探す
2．Adapt／適合：他の類似物を探す

3. Modify／変更：色、音、匂い、意味、動き、形などを変える
4. Magnify／拡大：大きさ、時間、頻度、高さ、長さ、強さを拡大する
5. Minify／縮小：小さく、携帯化、短く、省略、軽く、する
6. Substitute／代用：他の材料、他の過程、他の場所、他のアプローチ、他の声の調子、他の誰か、異なった成分など、他の何かに置き換える
7. Rearrange／再配列：要素、成分、部品、パターン、配列、レイアウト、位置、ペース、スケジュールを変える
8. Reverse／逆転：逆にする
9. Combine／結合：組み合わせる

発想の漏れを防止したり、発想の視点を変えるために役立つ。T式ブレインライティングを実施する時、前の人のアイディアを膨らませる時によく利用する技法である。

チェックリストは、仕事の分野や使う状況によっても当然異なる。プロの仕事人は幾種類ものチェックリストを持ち、それぞれの状況に応じて使い分けている。T式ブレインライティングにおいても、テーマに応じて適切なチェックリストを使い分けながら発想する。

●その他

上記以外の技法も、発想会議のテーマや状況によって有用な使い方があるはずである。まずは自分の得意とする技法を一つ持つことを勧めたい。技法は浅く色々使うより、深く使い込みマスターすることが技法を有用な道具にする近道だからである。

実際にT式ブレインライティングをやっていると、アイディアマンの人は引き出しが多いことに気付く。それと同時に発想会議に参加する中で新しい引き出しを習得して成長し続けているように思われる。

(1) 石川昭他著、〝創造性研究の歴史と諸発想法（I）〟、オペレーションズ・リサーチ、5月号、282-286頁、1981

(2) アリストテレス著、井上忠訳、〝アリストテレス全集（第1巻、第2巻）〟、岩波書店、1971

(3) N・R・ハンソン著、村上陽一郎訳、〝科学理論はいかにしてうまれるか〟、講談社、1971

(4) 穐山貞登著、〝創造の心理〟、誠信書房、1962

(5) M・ウェルトハイマー著、矢田部達郎訳、〝生産的思考〟、岩波書店、1952

(6) A・F・オズボーン著、上野一郎訳、〝独創力を伸ばせ〟、ダイヤモンド社、1958

（7）W・J・J・ゴードン著、大鹿讓他訳、〃シネクティクス〃、ラテイス、1964
（8）E・K・ヴァン・ファンジェ著、加藤八千代他訳、〃創造性の開発〃、岩波書店、1963
（9）市川亀久弥著、〃創造性の科学〃、日本放送出版協会、1970
（10）高橋誠編著、〃創造力辞典〃、モード学園出版局、1993
（11）宇津木保著、〃ことわざの心理学〃、ブレーン出版、1984
（12）深川英雄著、〃発想語典〃、電通、1990
（13）F・ベーコン著、服部英次郎訳、〃ノヴム・オルガヌム、世界の大思想6〃、河出書房新社、1966
（14）R・P・クロフォード著、藤田良訳、〃アイデアを仕事に活用する法〃、ダイヤモンド社、1957
（15）上野陽一著、〃独創性の開発とその技法：独創的な考え方をする必要とその教育および開発の技法〃、技報堂、1959
（16）G・アルトシュラー著、日経BP社訳、〃超発明術TRIZシリーズ3、「図解 40の発明原理」〃、日経BP社、1999

おわりに

本書は二部構成となっている。

第Ⅰ部では、Ｔ式ブレインライティングのノウハウを詳述した。ここだけ読めば、すぐに現場にこの発想法を導入することができる。

第Ⅱ部では、発想法にまつわる先人のさまざまな議論を俎上に載せ、発想法が我々にとって有用な技法であるのかを吟味した。発想法の本を著す以上、そのことを抜きに書き進めることはできないと考えたからである。

当然のことだが技法には限界がある。その技法の手順を忠実に踏んで考えれば、必ず新しい有用なアイディアを創出できるというわけではない。その人の知識や経験、理解度、その技法を使う場面などさまざまな条件が異なっているからである。使う人それぞれに、その技法に対する好みや思考形式もあるであろう。

はじめてブレインライティングを体験してから、それを実際に使う中で著者なりにさまざまな工夫とノウハウを蓄積してきた。それは、ブレインライティングの原形である６３５法と、基本となる手順は同じだが、技法としては多くの点で異る。それがT式ブレインライティングである。

これまでにも発想法に関する多くの書物が出版されている。その発想法の中で代表的なブレインストーミングやＫＪ法は、今も広く活用されている有用な技法である。実際に活用している現場では、基本となる手順などを踏襲しながら、それぞれの現場の文化に合うように工夫し改良している。それを参考にすることができれば、自分なりの工夫や改良のヒントを見つけ、自分に合った技法を作り出すことができると考えられる。しかし、その工夫、改良、ノウハウをきちんとした形でまとめた本はほとんど見当たらない。まとめることはそれなりに手間であるし、本業に忙しい実務者にはなかなか時間が作れないからであろう。

本書は、集団の発想法であるブレインライティングについて著者の蓄積したノウハウをできるだけ詳細に開示した。T式ブレインライティングがそのまま使えるのであればそれでもよいし、本書を参考にして読者の抱えている課題解決に役に立つよう工夫、改良してして自分に合った発想法を開発することでもよい。要は、自分にとって真に役立つ発想技法を身につけることである。

いつの時代も知恵のチカラが勝負を決する。しかし、知恵を出すチカラは目に見えず触ることもできないので、チカラの正体を見抜くことは困難である。集団の知恵出しのチカラを伸ばす／引き出すことができるこのT式ブレインライティングの技法を身につけるとことは、極めて強力なチカラの武器を手に入れることに他ならない。

■監修
立川 敬二

JAXA(宇宙航空研究開発機構)前理事長
NTTドコモ元社長、NTTアメリカ最高経営責任者、エヌ・ティ・ティ副社長などを歴任。
著書『ドコモを育てた社長の本音』日経BP、『2015年の情報通信技術——次世代ITの未来ビジョン』(NTT技術予測研究会編・エヌ・ティ・ティ出版)など

■著者
徳永 幸生

芝浦工業大学名誉教授
1947年生、東京工業大学 修士課程修了、工学博士。NTTヒューマンインタフェース研究所・研究企画部長、映像処理研究部長の後、芝浦工業大学 工学部情報工学科 教授に就任。学校法人芝浦工業大学・常務理事、入試センター長、教育イノベーション推進センター・教育学習支援部門長などを歴任。大学の経営改善のコンサルティングを行うため教育経営革新機構を設立、代表に就任。
著書『パーソナル通信のすべて』(エヌ・ティ・ティ出版・共著)、『大学力アップ珠玉の方法』(三冬社)など

企業・地域の未来をつくる実践的アイデア発想法
『T式ブレインライティング』の教科書

平成29年12月15日　初版印刷
平成30年 1月10日　初版発行

監　修：立川 敬二
著　者：徳永 幸生
発行者：佐藤 公彦
装幀・デザイン：山畠 奈緒美
発行所：株式会社 三冬社
〒104-0028
東京都中央区八重洲2-11-2 城辺橋ビル
TEL 03-3231-7739　FAX 03-3231-7735

印刷・製本／中央精版印刷

◎落丁・乱丁本は弊社または書店にてお取り替えいたします。
◎定価はカバーに表示してあります。

ISBN978-4-86563-030-5